트리거

트리거

초판 1쇄 발행 2014년 12월 1일 초판인쇄

지은이 김태균
펴낸이 장길수
펴낸곳 지식과감성#
출판등록 제2012-000081호

디자인 임혜수
교정 홍혜림
마케팅 안신광

주소 서울시 금천구 가산동 60-5 갑을그레이트밸리 B동 402호
전화 070-4651-3730-3
팩스 070-4325-7006
이메일 ksbookup@naver.com
홈페이지 www.knsbookup.com

ISBN 979-11-5528-305-9(03810)
값 13000원

ⓒ김태균 2014 Printed in Korea

잘못된 책은 구입하신 곳에서 바꾸어 드립니다.
이 책의 전부 또는 일부 내용을 재사용하려면 사전에 저작권자와 펴낸곳의 동의를 받아야 합니다.

이 도서의 국립중앙도서관 출판시도서목록(CIP)은 서지정보유통지원시스템 홈페이지(http://seoji.nl.go.kr)와 국가자료공동목록시스템(http://www.nl.go.kr/kolisnet)에서 이용하실 수 있습니다. (CIP제어번호 : CIP2014034036)

홈페이지 바로가기

지금보다는 조금 더
따뜻한 세상을 위한 대안

트리거

김태균 지음

내일이 오늘과 다르길 원한다면 오늘은 어제와 달라야 한다.
방아쇠를 당겨라. 세상이 바뀐다!

보수와 진보를 관통하는 비판과 대안을 제시하고 싶었다.
이 글이 먼 훗날 우리 후배들에게 좀 더 좋은 세상을 선물하는 트리거가 되길 기원한다.

지식과감정

귀한 당신, _____님께

　　　　이 책을 드립니다.

　　　　저 자 김 태 균 드림

감사의 글

직장 생활을 하면서 졸필임에도 무리하게 욕심을 부리며 글을 쓰다 보니 벌써 세 번째 책을 선보이게 되었습니다. 글의 내용에 따라서 동기는 다르겠지만 저의 경우는 안타까움과 아픔에 대한 고민이 글을 쓰는 동기가 되는 것 같습니다. 그때그때 생각을 정리하며 글을 쓰다 일 년 정도 지나면 A4용지 100여 장이 넘게 되고 책 한 권이 됩니다.

고민과 아픔이 녹아있지 않은 글을 상대방의 마음을 움직일 수 없을 뿐만 아니라 내 자신의 마음도 움직일 수 없습니다. 온전한 나 자신의 생각과 고민을 글에 녹이다 보면 마음이 정리되고, 카타르시스로 인한 아픔의 해소가 되기에 더욱더 집착하는 것 같습니다. 또한 책이란 것이 저자가 오랜 시간을 고민해가며 산고의 고통을 통해 세상에 내보낸 것이기에 나의 생각과 버무려 곱씹다 보면 사고의 틀이 확장되고 깊어지는 것을 느끼게 됩니다. 상처란 것이 나만의 것이 아니라 세상 누구나 비슷한 상처로 아파하고 결국엔 본인 스스로 극복해야 하는 업(業)이란 것을 알게 되면 삶의 무게가 조금 가벼워집니다.

글 쓰는 것을 추천하는 이유는 생각을 정리하는 데 큰 힘이 되기 때문입니다. 생각이 정리된다는 것은 입을 열어 내뱉을 말의 양이 줄어 에너지 소비도 줄고 소음도 줄어든다는 뜻입니다. 빈 깡통이 요란하듯 어설프게 알고 있는 지식이 요란하고 모서리도 많기 때문입니다.

내공이 깊은 고승들이 말을 짧게 하듯 세상의 고수들은 짧은 말로 자신의 생각을 온전하게 전달합니다. 이 책에는 고수들의 짧지만 굵직한 말들을 곳곳에 실었습니다. 그리고 사진도 몇 장 실었습니다. 비트겐슈타인의 주장처럼 우리는 말로 인해 오해하여 본질에 다가서지 못하는 경우가 많기 때문입니다. 짧은 말과 그림 한 장이 한 뭉텅이 쏟아낸 수백 자의 글자보다 강렬할 수 있다는 것을 같이 느꼈으면 합니다. 우리 생계의 터전인 직장에서도 한 장짜리 문서가 최고입니다. 여백도 충분하고 핵심만 요약되어 있는 문서가 읽는 사람이 쉽게 이해하고 판단할 수 있는 가장 완벽한 문서입니다. 보통 말은 길어봐야 본전도 못 찾습니다. 횡설수설하다가 본질과 멀어질 가능성이 높습니다. 말이란 것의 목적은 소통이며 소통은 상대방을 이해시키는 것이 본질입니다. 책을 쓸 때도 수백 장에 걸쳐 두껍고 길게 글을 써야 할 이유가 없습니다. 이런 마음으로 글을 쓰기 시작한 지 또 일 년이 다 되어 책 한 권이 되었습니다. 의미 있는 글을 남기려 했지만 내공의 부족으로 한계를 많이 느끼며 염려스런 것이 한둘이 아니지만 아직 갈 길이 멀다는 생각에 용기를 내 봅니다.

가슴을 울리는 글들은 아픔을 이야기합니다. 글을 쓴다는 건 행복해서가 아니라 아프기 때문일 뿐더러 행복에 겨운 이야기들도 깊이 보다 보면 아픔을 바탕으로 하고 있습니다. 그리고 대안을 품어야 합니다. 대안이 없는 아픔은 아우성이라고밖에 할 수 없습니다. 아우성만 난무하는 사회에는 희망이 없습니다. 저는 지금 우리 사회가 아우성만 넘쳐흐르고 있어서 더욱 더 아픔이 가중되는 것 같다는 생각을 합니다. 그렇다고 가만히 있으라는 것은 절대 아닙니다. 대안이 있는 아우성을 짧지만 단호하게 치자는 것입니다. 목이 마른 후에야 갈증을 풀 수 있고, 매서운 추위를 겪어야 따뜻한 온기를 느낄 수 있듯이 아픈 후에야 진정한 행복을 느낄 수 있습니다. 그러나 같은 아픔이 반복된다는 것은 이 사회에 뭔가 심각한 문제가 있다는 것입니다. 미래가 다르길 원하면서 같은 행동을 반복한다면 결코 미래는 달라지지 않습니다.
　　　고민과 아픔의 과정 속에서 희망과 꿈을 노래할 수 있도록 항상 제 곁에서 응원을 해주었던 부모님, 가족들과 애정 어린 격려와 충고를 아끼지 않으시는 주위의 모든 분들께 감사드립니다.

꽃뫼마을에서 저자 김 태균 올림

contents

6   감사의 글
14   들어가면서

그림자 뒤에서 태양을 보다 20

나으리들 권력에 취하다 22

24   아직도 양반은 있다
27   가난한 이유
31   데카르트 딜레마
34   마키아벨리의 저주
37   선한가 악한가?
41   왜 아직도 명량인가
44   임 병장이 준 메시지
47   진실의 가장 큰 적은 신화다
50   멈추지 않는 세월호
53   원칙에 심장은 뛴다
54   지켜야 할 그 약속
57   선진국이 되기 위한 조건
59   왜 산학협력이 안 될까
66   공공의 산업단지는 어떤가?!
70   도박 권하는 국가
73   인구감소가 재앙만은 아니다
77   조선족의 가슴병
79   프란체스코 교황님께
82   합의란
84   그림자 뒤에서 태양을 보다

87 신문을 끊은 이유
91 법은 스스로 지켜주지 않아
95 요동은 양 극단에서 일어난다
97 순수한 정치가 그립다
99 권리와 의무
101 누가 아베를 움직이는가?
103 먹는 것 가지고 장난치지 마라
106 악마를 보았다
109 기업은 많지만 기업가는 적다
111 대한민국에서 서민으로 산다는 것

방황의 그늘 114

115 큰 나무를 베어낸 이후
118 미운 사람이 더 미울 때
121 배신한 사람이 없다
124 왜 낯선 사람에게 더 관대할까
126 독설
128 민주국가는 분노를 참지 않는다
131 뱀의 뇌에게 말을 걸지 마라
133 날개가 있기에 추락한다
136 과잉보호 아이들이 위험하다
139 뼈 속까지 을(乙)
142 왜 조직이 무너졌는가
145 상사 앞에서 쫄지 않는 방법
149 버거운 사람
154 부지런한 비효율
158 통계에 노예가 되지 마라
160 시작보다 마무리가 중요하다

162 해고, 주고받는 자의 아픔
167 어느 대기업의 위기
169 경계 안에서 방황하다
175 라인
177 똥과 뒹굴다
180 고장
183 소음
185 갈등을 예방하는 방법

그래도 희망 187

188 왜 뛰어 내리는가
191 우리가 외면하는 우리의 역사
200 오 필승 코리아!
203 민들레 홀씨 되어
206 왜 희망은 밑에서 솟구치는가!
209 길은 뒤에서 생긴다
212 힘 빼는 법
215 몸뚱어리 챙기기 1
217 몸뚱어리 챙기기 2
221 영원한 사랑
224 그 놈이 설마
227 종교의 힘
231 다리가 되어
235 물 흐르듯
239 바다와 같은 사람
243 진상은 되지 말자
244 후회하지 않겠어?
245 착하면 복 받는 이유

249 주는 게 어딘데
251 원래 우리 음식이 아니잖아!

트리거를 당겨라 253

254 그 사람이 되어줘
256 뒷모습이 아름다운 사람
259 그 사람이 아니면 안 된다
261 담 너머에 답이 있다
264 단추 몇 개만 풀어봐
267 가족의 사랑이 가장 중요해
272 타고난 천재성을 찾아라
275 부모가 거름이 되어 아이가 큰다
277 선진국에 뒤처지는 비밀 '창고'
280 다시 떠오르는 마을
283 아이들에게 희망을 1
285 아이들에게 희망을 2
289 마법의 선을 그려보자
292 고급 인간
294 일단 만나!
297 참지 마
300 씨앗은 우주를 품고 우리는 우주가 되고
302 전설 하나 만들어야죠
304 어떻게 죽을 것인가!

306 끝내면서

들어가면서

　　더위가 한창 기세를 부리던 2014년 8월, 근위축성 측색 경화증 이른바 루게릭병을 앓고 있는 환자들을 위로하기 위한 아이스버킷 릴레이가 전 세계의 유명인들의 동참으로 SNS에서 파도를 타듯 번졌습니다. 이 아이스버킷 릴레이 열기가 시들어갈 때 쯤 감사 릴레이가 바통을 이어서 유행하고 있습니다. 칭찬을 받은 사람이 다른 사람을 칭찬해 주는 '칭찬 릴레이 캠페인'입니다.

　　저도 몇 분께 지명을 받았을 때 기쁨은 잠시였고 한동안 고민을 했던 기억이 납니다. 이 캠페인이 효과를 거둘 수 있을 것인지가 고민이었습니다. 그냥 유행으로 끝날 것이란 생각에 저에게 온 칭찬을 이렇게 마무리해 버렸습니다.

　　"저를 지명해주신 OOO분께 감사드립니다.

　　저에게 감사할 분들이야 사지를 다 써도 모자랍니다.

　　문득…

　　이젠 신께서 응답하셔야 할 것 같다는

　　오만불손한 생각이 드네요.

신이시여 응답하소서!"라고 말이죠.

우리는 세상이 바뀌길 끊임없이 요구하지만 그렇게 세상이 순식간에 바뀔 수는 없습니다. 역사적으로도 세상이 급변한 경우 대부분 안 좋은 방향으로 민주주의가 후퇴한 경우가 많았습니다.

오늘도 뉴스에선 여당과 야당이 문제의 본질과 동떨어진 곳에서 권력 획득을 위한 신경전에 몰입하고 있는 모습이 흘러나오고 있습니다. 온갖 저질스런 욕설이 난무하고 무책임한 선심성 공약이 사람들의 눈과 귀를 멀게 하고 있습니다. 생각이 다 말로 나오면 성인은 없습니다. 성인들도 생각 같아서는 온갖 욕을 해대고 싶지만 참는다고 합니다. 어느 스님은 운전을 배웠다가 욕이 늘어서 운전을 포기했다는 일화도 있습니다.

옛말에 "말이 네 인생을 망치고, 혀가 네 목을 치리라."는 말이 있습니다. 말이 행동보다 앞서는 사회는 갈등이 넘칠 수밖에 없습니다. 대안이 없는 비판은 민주주의를 역행하는 행위입니다. 그런데 우리 사회는 대안보다는 온통 비판에 집중하고 있습니다. 비판만 잘하는 사람이 유명인사가 되어 촌철살인(寸鐵殺人)이 공공연하게 자행

되고 있습니다. 모든 민중을 만족시키는 체제는 지구상에 존재하지 않기에 보수와 진보의 갈등이 상존하는 것입니다.

　　세계적 소설가 베르나르 베르베르는 대안이 부재하기에 갈등만이 있다며 창의와 발명을 통해 "체제를 공격하지 말고 낙후시켜라"고 합니다. 진보 세력들이 지금의 체제를 대안없이 비난만 하면 민중은 지치고 결국 외면합니다. 진보 세력들은 맹목적 반대보다는 대안에 대하여 끊임없이 연구하고 검증하여 꿈과 희망의 비전을 주고 함께 행동할 수 있는 제 3의 길을 제시하면 기존의 체제는 자연스럽게 낙후되고 새로운 미래로 나아가는 것입니다.

　　최근 김보성 씨의 광고가 화제였습니다. 김보성 씨는 '의리', '사나이' 이미지로 유명한 연예인이죠. 우리나라 전반적으로 사회 지도층에 대한 신뢰와 도덕성에 대한 요구가 고조되고 있는 분위기에서 김보성 씨가 뜰 수밖에 없는 타이밍이 아닌가 싶습니다. 사람들이 가장 싫어하는 단어 중에 하나는 '배신'입니다. 그런데 배신한 사람들의 98%는 자신의 배신을 인정하지 않습니다. 다들 그 '이유'가 있습니다. 결국 배신이란 것도 사람 간에 신뢰, 의리의 문제인 것입니다. 우리는 역사책에서 조선은 당쟁으로 망했다고 배웠습니다. 그 당쟁의 내용들을 보면 대부분 실리와 명분, 의리의 논쟁이었습니다. 시대를 못 읽고 의리만 내세우면 나라도 망합니다만 의리가 외면되는 시대의 백성들의 삶은 피폐해집니다. 그래서 음양의 조화처럼 실리와 의리를 냉정하게 판단하는 것도 불가피합니다. 다만 지금처럼 너무 실리에 치우친 사회에는 정(精)이 없습니다. 물 없는 흙, 사막과도 같은 거죠. 온정주의로 치우친 사회가 아닌 '과하지 않은 의리'가 있는 사회가 되었으면 하는 바람입니다.

장미에 가시가 있다고

허물이라 말하겠는가?

그 누군가는 그 위에서

편히 쉬고 있지 않은가!

나에게 불편하기에

허물이라 말하지 않는가?

신이 만든 것들 중에

불편한 것이 있긴 한가!

그림자 뒤에서
태양을 보다

나으리들 권력에
취하다

　　며칠 전 야당의 지지율이 급락했다는 기사를 보았습니다. 그 동안 팽팽한 시소처럼 양립하던 야당이 무너진 이유는 무엇일까 생각을 해 봤습니다. 야당이 권력에 취해 초심의 자세를 잃었기 때문이라고 생각합니다. 70~80년대 민주화의 열망 속에 한 곳만 바라보며 동지를 외치던 열정은 차갑게 식어버린 지 오래입니다. 두 차례 집권여당도 해 보고 견고한 지역주의를 바탕으로 보험을 들어놓았기 때문인지 권력을 향유하고 취해버린 것 같습니다.

　　세월호는 국민들에게는 참사였지만 그들에겐 호재였을 겁니다. 그렇게 권력에 취해 거저 먹으려는 기회주의는 국민들의 외면을 자초했습니다. 초심을 잃으면 결국 다 잃게 되는 것입니다. 그렇다면 여당은 어떤가요? 여당의 지지도가 높아지고 있다는 것에 한껏 고무되고 있나요? 세월호 참사에 국정원이 개입한 정황이 드러나고 국가 곳곳에서 권력의 맛을 탐닉하며 흘려놓은 비릿한 냄새가 나는 침의 흔적이 역겹기만 합니다.

시청, 국회의사당, 광화문에 가서 데모할 시간도 아까운 먹고 살기도 힘든 지금, 국민들이 원하는 것은 큰 것이 아닙니다. 믿고 맡길 수 있는 정치인들을 원합니다. 왕이 되려거든 왕관의 무게를 견디라는 말이 있습니다. 더 멋진 미래를 만들기를 원한다면 권력의 무게를 견뎌내야 합니다. 권력의 무게에 취해 휘청거리다 보면 초심은 희미해지고 미래는 잿빛으로 변하는 것입니다.

권력이란 것이 참 달콤합니다. 주변에서 다들 굽신거리며 온갖 찬사를 선물합니다. 그리고 선물을 요구합니다. 그 요구를 들어주면서 지역에서 내로라하는 권세가들과 관계를 맺다 보면 그들도 자신과 마찬가지인, 아니 수준 이하의 부류라는 것을 알게 됩니다. 그리곤 자신이 마치 그 준거집단의 한가운데에서 우두머리가 된 듯한 착각에 빠집니다. 그리고 서로 뒤에서 욕하는 것이 다반사입니다. 섬기며 모시겠단 초심은 한여름날 아스팔트 위에 모락모락 피어나는 수증기처럼 부지불식간에 증발되어 버립니다. 권력에 취하면 야성이 살아납니다. 야성이 살아나면 세상은 난폭해지는 겁니다. 지금 대한민국처럼 말입니다.

권력의 무게를 이기는 방법은 무엇일까요? 그건 바로 초심, 꿈과 철학을 되찾는 것입니다. 처음 정치에 입문할 때 세웠던 그 꿈을 다시 세워야 역사에 기억되길 위대한 정치인으로 남는 것입니다. 그런 정치인들이 많은 나라가 위대한 역사를 만들고 그런 자부심을 갖는 후손들이 위대한 조국을 만드는 것입니다.

아직도
양반은 있다

　　　초면에 서로 통성명을 하며 명함을 주고받다가 같은 성에 이름 중 항렬자가 같은 분을 만나면 본관이 어디냐고 묻게 됩니다. 같은 본관의 사람을 만나면 왠지 더욱더 친근함을 느끼게 되지요. 어떤 경우는 상대방이 먼저 본적이 어디냐고 물을 때가 있습니다. "저는 안동 김가 안렴사공파 25대손입니다"라고 대답을 하면 "명문가 자손이시군요"라고 말씀해주십니다. 기분은 좋지만 한편으로는 제가 만난 분들 중에 양인이나 노비 출신이 한 번도 없었다는 걸 기억해보면 기분이 이상합니다.

　　　일본인으로서 한국사를 연구한 미야지마 히로시교수가 〈양반〉이란 책에서 고려시대까진 노비의 비율이 10% 정도였지만 16세기 조선시대에 들어서는 50% 정도였다고 밝힌 바 있습니다.

　　　왜 우리는 다 양반이 되었을까요?

　　　수도인 한양에서 중앙 권력을 행사하는 양반인 재경양반과 구별하여 지방에서 관직이 있거나 재산이 많아 권력이 있는 양반들을 재지양반이라 했습니다. 조선시대 들어서 이들은 자신들의 권력을 지키기 위해 4촌 이내에서나 쓰던 항렬자를 10촌 이상까지 확대해가며 지역 내 혈연 공동체를 강화했던 것입니다.

노비의 숫자가 권세를 상징했기에 3백 명 이상의 노비를 보유한 양반들도 많았던 것 같습니다. 이런 권세를 계속 누리려다 보니 노비에 대한 상속권과 노비 신분 결정 기준이 고려시대보다 강화되었고 조선시대 들어 노비의 비중이 급증한 것입니다. 부모 중 한 명이 노비이면 자식은 자연적으로 노비가 되었습니다.

〈쇄비록〉에 보면 재미있는 사실이 나옵니다. 노비도 사유지를 갖고 재산도 비축했다는 것입니다. 노비라 신분은 낮을지언정 양반과 재산 관련하여선 한 치의 양보도 없었습니다. 이런 상황에서 나라가 망하자 신분계급까지 얻고자 돈으로 양반 족보를 사게 된 것입니다.

시대가 변한 지금, 현재 대한민국에 양반제도는 없어졌지만 양반에 대한 애착까지 없어지진 않은 것 같습니다. 양반의 본질적 가치는 권력입니다. 자본주의 중심 가치는 돈입니다. 아울러 돈이 권력이기도 합니다.

며칠 전 모 신문에서 우리나라 기업인들이 유독 가업승계에 집착한다는 기사를 보면서 승자독식과 빈부의 격차가 더 벌어지고 있는 대한민국에 아직도 양반 계급은 새로운 모습으로 존재하고 있다는 생각을 해 봅니다.

"어째서 자유에는 피의 냄새가 섞여 있는가."

독재시절 민주주의를 온몸으로 노래한 故 김수영 시인의 절규입니다.
그러나 21세기
자유 민주주의 사회로 묵묵히 전진하는 대한민국의 모습에서
아직도 비릿한 냄새를 느끼곤 합니다.
지식인들의 더 이상 희망은 없다는 절규를 듣다보면
암울한 마음에 좌절을 느끼곤 합니다.
그러나 김수영 시인은 우리의 어깨에 손을 얹고 이렇게 속삭입니다.

"더러운 역사라도 좋다. 인간은 영원하고 사랑도 그렇다"

가난한 이유

2011년 10월 17일 세계빈곤퇴치의 날에 서울의 한 초등학교에서 어느 아동복지기관이 4~6학년 학생 234명을 대상으로 재미있는 설문조사를 했습니다.

질문의 제목은 "사람들은 왜 가난할까요?"입니다.

이 학생들이 대답한 답을 분석해 보니

'집에 아픈 사람이 생겨서 6.5%', '돈 벌 사람이 없어서 7.8%', '잘 배우지 못해서 17.7%', '직장을 잃어서 27.6%', '돈을 벌지 않고 게을러서 31.5%'였다고 합니다.

박경현 한국교육복지연구소 소장은 설문조사 결과에 대해 "가난이 태어날 때부터 인생을 규정한다면 그것은 정의로운 것인가. 가난이 개인의 게으름 때문이라고 스스로를 자책하도록 가르치는 것이 과연 교육적인가"라고 세상에 화두를 던졌습니다.

할아버지가 부자여야 손자, 손녀가 공부를 잘한다는 말이 있습니다. 최고의 사교육을 받게 하려면 많은 비용이 들기 때문입니다. 서울대 입학생들의 출신 지역이 강남, 송파, 잠실이 40%가 넘는다는 기사를 본 적이 있습니다. 학연이 성공의 중요한 요소이기에 부가 부를 부르는 것이 현실입니다. 그럼에도 불구하고 빈곤한 것이 게으름 때문이라는 세뇌는 잔인한 폭력입니다.

지금의 국영수 중심의 대학 입시용, 대기업 입사용 사교육이 글로벌 인재를 육성하는데 기여했다고 생각하지 않습니다. EBS 방송만 잘 들으면 수능 만점 받게 해주겠다는 정부의 말도 거짓말일 수밖에 없습니다.

획일화된 아파트 문화, 소수 대기업에 의존하는 대량 생산 사회에서 투명한 정부와 선한 정치인들이 양성되고 다양한 분야에서 글로벌 강소 중소기업들이 육성되어 삶의 질이 높고 다양성이 풍부한 사회로 나아가야 희망찬 미래가 있습니다. 먼저 국가는 입법·행정·사법부 삼권이 실질적으로 분리되어 견제·균형을 유지해야 권력의 집중과 남용이 방지되어 정의로운 사회가 됩니다. 정의로운 사회에선 산업계에서 빈번한 갑의 폭력적 거래 행위와 노동현장에서 불법 착취가 근절됩니다. 우수한 인력에 대한 갈증을 호소해 온 중소기업들에게 적정한 이윤이 보장되니 우수한 직원들을 뽑을 수 있는 자금적 여력이 생기게 될 것입니다. 결국 중장기적으로 장래가 불안한 대기업만 고집할 이유가 감소하여 자연스럽게 교육 시스템에 대한 수요도 다양하게 변화할 것입니다.

"성공에 의해서는 대개 그 지위가 커지고
실패에 의해서는 자주 그 사람이 커진다"

― 신영복 ―

데카르트 딜레마

　　세월호 사건으로 분단된 나라가 또다시 둘로 나뉘었습니다. 산 사람은 살아가야 하지 않겠냐며 이젠 그만 잊자는 사람들과 당신의 아이가 세월호 피해자였다면 그런 말이 나오겠느냐는 사람들로 나뉜 지금입니다. 무엇 하나 명확하게 정리된 것이 없는데 그만 잊자는 말에 혼돈스러움을 떠나 분노가 치밀어 오릅니다. 일본의 위안부, 역사왜곡, 생체실험, 문화말살의 역사도 잊어야 하나요? 6.25 한국전쟁을 잊었느냐며 툭하면 종북 빨갱이 논하는 사람들은 어쩌나요?
　　원인과 책임을 마무리 짓지 못하여 친일세력이 아직도 큰소리 내며 살고 있는 겁니다. 쉽게쉽게 띄엄띄엄 판단하고 살아가면 그게 다 후손들에게 업(業)으로 작용하여 재앙이 반복됩니다.
　　오늘 신문을 보다 보니 4대강 사업을 찬양하던 신문들이 일제히 비난 일색의 기사를 실었습니다. 이러니 국민들이 자전거나 현금 경품을 기대하며 신문사를 갈아타고 점차 구독율도 줄어드는 겁니다. 인터넷 신문은 어떤가요? 헐벗은 여자들이 겨우 조각난 천으로 중요 부위만 가린 광고나 쓰레기 같은 낚시성 기사가 즐비합니다.

데카르트는 세상의 모든 이치가 수학적으로 증명될 수 있다고 생각했습니다. '예'와 '아니오'라는 이분법적 디지털 사고는 우리의 생활을 짧은 기간에 발전시킨 것이 맞습니다. 그러나 우리의 삶은 아날로그라는 게 문제입니다. 경계마다 굵은 선이 없다는 겁니다. 그래서 잘 산다는 게 말은 쉽지만 실제로 항상 즐겁고 행복하지만은 않은 것입니다.

우리가 이미 잘 아는 위인들의 전기를 읽다 보면 온갖 고초를 겪으면서도 현재가 아닌 미래를 선택했다는 걸 알게 됩니다. 우리도 미래를 위해 좀 많이 불편하더라도 참고 견디며 똑바로 매듭짓고 나아가야 합니다.

"저급한 선동일 뿐이다.
저급한 선동은 국민들에게
희망을 가장한 고통만 준다.

지금 이 시대가 고통스러운 것은
저급한 선동이 정의로움을 말하기 때문이다.
대안이 없는 맹목적 반대는 저급함의 최악이다."

마키아벨리의 저주

"백성들은 다정하게 대해주거나
아니면 아주 짓밟아 뭉개버려야 합니다.
인간은 사소한 피해에 대해서는 보복하려 들지만
엄청난 피해에 대해서는
감히 복수할 엄두조차 내지 못하기 때문입니다"

15세기 니콜로 마키아벨리의 〈군주론〉에 나오는 말입니다. 군주에게 백성들을 다루는 방법을 알려주는 방법론을 작성한 책으로 자신을 책사로 활용해 달라는 의도에서 집필된 책으로 군주는 백성을 받들 것이 아니라 심리를 이용하여 탄압해야 오랫동안 권력을 유지할 수 있다는 것입니다. 루소는 "그는 왕들을 가르치는 체했지만 그가 진정으로 가르친 것은 바로 대중이었다"는 긍정적 해석의 말을 남기기도 했습니다만 마키아벨리가 수많은 독재자를 탄생시켰다는 것을 피할 수는 없습니다.

"15년간에 걸친 탐구와 연구에 따르면

우리 시대에 위대한 업적을 성취한 군주들은
신의를 별로 중시하지 않고
오히려 기만책을 써서 인간을 혼란시키는 데에
능숙한 인물들이란 것을 알 수 있습니다.
잔인함과 불신이 오랫동안 횡행하는 나라에선
군주가 인간성과 신뢰에 부합한 행동을 하면
명성이 훼손될 것입니다"

안타깝게도 마키아벨리의 저주는 지금도 세계 곳곳에서 계속되고 있습니다. 그러나 우리는 잊고 있는 게 있습니다. 〈세종장헌대왕실록〉에 나오는 성군(聖君) 세종대왕의 말들입니다.

"관직이란 내가 마음에 드는 사람을 데려다 앉히는 것이 아니라 그 임무를 가장 잘 해낼 수 있는 사람을 택해 임명하는 것이다. 설령 정적(政敵)이거나, 짐에게 불경한 신하라면 또 어떠리"

"태평성대란 백성이 하는 일을 원만하게 하는 세상이다."

세종대왕에게 마키아벨리가 찾아가 〈군주론〉을 들이댔다면 따귀를 맞고 쫓겨났을 겁니다. 우리는 이미 다 알고 있는데 권력자들은 왜 망각할까요?

잠자는 권리는 보호할 필요가 없다!

– 루돌프 폰 예링 –

선한가 악한가?

　　군대에서 크고 작은 사건들이 계속 일어나고 있었습니다. 최근에 발생한 임 병장 사건을 보면서 무기징역 이상의 벌이 선고될 것으로 봅니다. 자신의 군대 상관을 살해하는 등 죄질이 무겁기 때문입니다. 그러나 원인제공을 누가 했는가라는 측면에서 여론이 분분합니다.

　　사람을 포함해서 갓 태어난 모든 생물은 나약하지만 선하고 귀엽습니다. 악한 구석은 그 어디에서도 찾아볼 수 없습니다. 그런데 동물들은 커가면서 야성(野性)이 살아납니다. 호랑이의 경우도 아기일 땐 귀엽지만 일단 다 성장하고 나면 세상에서 가장 위험한 존재가 되지요.

　　그렇다면 인간의 경우도 선(이성)과 악(야성)이 내재되어 있다가 성장하면서 생존이라는 하위의 욕망을 달성하고 나면 무의식 속의 야성이 고개를 드는 것이 아닐까요?

　　그렇다면 이성은 왜 작용할까요?

　　만약 당신이 절대적 힘을 갖고 있는 그 누군가에게서 당신의 모습을 가려줄 수 있는 가면을 선물 받는다거나 투명인간이 될 수 있는 능력을 받았다면 어떻게 행동하시겠습니까? 가장 먼저 무엇을 하고 싶으신가요?

아마 아주 많은 사람들의 머릿속엔 야성이 주도하는 행동을 할 가능성이 매우 높습니다.

아니라구요?

이를 입증할 비슷한 실험이 있습니다. 쓰레기를 버리는 후미진 곳에 사람의 눈동자 모양의 그림을 붙여놨더니 쓰레기를 버리는 양이 급격히 줄었던 사례가 있습니다. 우리가 안전하게 가정을 꾸리며 인간답게 살 수 있는 이유는 바로 우리에게 이성적으로 행동하도록 발전해 왔기 때문입니다. 물론 아직까지도 북한 등 세계 곳곳에 야성이 주도하는 나라들도 많이 있다는 게 숙제이긴 합니다. 국가의 정치, 산업, 경제 등 많은 부분에서 아직 후진국인 우리나라가 선진국이 되기 위해서는 야성 본능을 가진 사람들을 어떻게 이성적인 행동을 할 수 있도록 조치할 것인지가 관건입니다. 이 조치는 엄격한 법(法)의 집행만으로는 한계가 있습니다. 지금 우리나라의 형법만으로도 도둑들은 없어졌어야 마땅합니다.

그렇다면 그 이상의 무언가가 있어야 합니다.

그것은 권한과 책임을 분명히 하는 투명한 국가를 만드는 것입니다. 예를 들어서 가장 대표적인 4대강 사업에 문제가 있었다면 그 사업을 주도적으로 추진했던 대통령을 비롯한 사람들이 책임을 져야 합니다. 집행유예 등 솜방망이 처벌로는 책임을 지울 수 없습니다. 공소시효도 없애든지 아니면 기간을 대폭 늘려서 명확한 증거가 있다면 언제든 법의 심판을 받도록 해야 합니다.

　　우리는 따뜻한 민주주의를 원합니다만 그것이 불의에 대한 온정주의를 말하진 않습니다. 따뜻한 민주주의는 약자를 배려하고 보호하는 정의로운 사회를 말합니다.

왜 아직도 명량인가

영화 '명량'을 가족과 함께 보았습니다. 이 글을 쓰고 있을 때까지 350만 명이 관람하여 흥행을 이어가고 있을 만큼 잘 만든 대작입니다. 그러나 저는 뭔가 2% 부족함을 느끼며 극장을 나왔습니다.

조선의 배는 밑이 평평하고 튼튼한 판옥선이어서 속도보다 방향 회전에 유리합니다만 왜선은 밑이 뾰족하고 가벼운 나무로 만들어 속도는 빠르나 강도가 약한 것이 특징입니다. 일본군의 배를 넘어 싸우는 전략을 방어하기 위해 판옥선에 철재 지붕만 얹은 것이 거북선입니다. 전략을 수립하는 장면에서 배의 구조를 비교 분석하는 내용으로 처리했으면 마지막 '충파(衝破)전략'에 설득력을 잘 전달하지 않았을까 합니다. 아울러 울돌목의 거센 회용돌이 안에 빠진 이순신 장군의 배를 몇 대의 나룻배가 꺼내는 장면은 실소를 터트릴 수밖에 없지 않았나 싶습니다. 다른 판옥선들이 함께 도왔다면 더 좋지 않았을까 했습니다.

이순신 장군은 임진왜란 당시 명량해전을 준비하며 "한 명의 장수가 천 명의 적과 맞선다"라는 말을 남겼습니다. 저는 이 말을 듣는 순간 몸속에서 전율을 느꼈습니다. 우리가 가볍게 농담처럼 말하는 일당백이라는 말이 실화였다는 것입니다. 임진왜란은 섬나라 일본의 풍신수길이 31만 대군을 데리고 조선을 쳐들어 온 사건입니다. 대륙으로 진출하고픈 수천 년 역사의 한을 풀고자 했던 야욕의 전쟁이었습니다. 18일 만에 한양이 점령되었고 왕인 선조는 도망치듯 피난을 떠났습니다. 이 전쟁을 통해 조선의 인구의 60%가 죽었을 만큼 처절한 전투였습니다. 그래서 우리가 기억하는 이순신 장군은 23전 23승 전승은 더욱더 믿기 힘든 전설적인 전쟁사입니다. 명량해전 이전의 한산해전은 세계 3대 해전 중 하나로 세계 처음으로 바다에서 학익진을 사용했습니다. 110척의 왜선을 47척의 배로 무찌른 것이지요. 8번의 해전 참패 속에 풍신수길은 바닷길을 확보하지 못하면 육군의 배급로가 막혀 전쟁에 패할 수 있다는 위기감을 느끼고 대표 명장들을 불러 모아 한산해전에 총력을 한 것입니다. 그리고 해전을 포기하고 부산항에 숨어 조선 수군을 기다렸지만 이순신 장군의 기습작전에 또다시 대패를 하고 말았던 것입니다.

이성계의 쿠테타로 조선이 건국되었듯이 조선의 왕에게 전쟁의 영웅은 견제 1순위였습니다. 이순신 장군은 선조와의 갈등으로 감옥에 갇히는 등 온갖 억울한 고초를 겪었음에도 일본이 다시 침략하는 정유재란이 발생하자 백의종군하게 됩니다. 그리고 이 말을 남긴 것입니다.

"한 명의 장수가 천 명의 적과 맞선다"

12척의 배로 300여 척의 왜선을 전멸시킨 이순신 장군 리더십은 무엇이었을까요? 먼저 거북선과 화포를 이용한 병법(兵法)에 통달했습니다. 봉화와 연등을 이용해 정보력, 커뮤니케이션을 강화했으며, 지금으로 말하면 리스크 관리에 철저했습니다. 그리고 지피지기면 백전백승이란 말처럼 적들의 배의 구조와 전술에 통달했던 것입니다. 결국 질 것 같으면 싸우질 않았습니다. 이런 고집으로 선조에게 불복하는 것으로 더 비친 것입니다.

　　일부 일본 사람들은 이순신 장군을 군신(軍神)으로 모시고 있다고 합니다. 아무리 적국의 장군이지만 그를 신으로 모실 수밖에 없었다는 것입니다. 매년 한산도에 와서 일본인 3만여 명이 참배를 드린다고 합니다. 그러나 살아생전 조선에서의 이순신 장군의 끝은 좋지 않았습니다. 중국 〈후한서〉에 보면 "지조가 바르면 속인과 화합이 어렵고, 활 줄 같으면 길바닥에 죽는다."라는 말이 있습니다. 이순신은 조국을 위한 자신의 의지가 옳다고 믿으며 선조의 명령을 거역했으며 갈등이 컸습니다. 결국 본인 스스로 죽음을 당당하게 받아들인 것 같습니다. 지금 이 시대에 이순신 장군이 살아계셨더라도 대접은 그때와 비슷하지 않았을까 싶습니다.

임 병장이 준 메시지

말년에 자신의 전우들을 죽이고 탈영했던 22사단 임 병장의 사건을 보면서 착잡한 마음이 앞섭니다. 오늘 뉴스를 보니 왕따를 당했던 것이 사건의 발생한 이유로 보입니다. 희생자들과 상해를 입은 병사들에 대한 안타까움은 이루 말할 수 없습니다만 저는 임 병장도 우리 사회의 피해자가 아닌가 싶습니다. 마지막 순간 부모와 마주보며 대화를 하며 얼마나 참회의 눈물을 흘렸을까요. 그래서 자신의 가슴에 총부리를 대고 방아쇠를 당겼을 겁니다. 자살을 시도하기 바로 전에 종이와 펜을 달라고 했습니다. 마지막 운명을 앞에 두고 왜 자신이 그랬는지를 유서에 쓰고 싶었을 겁니다.

누가 임 병장을 왕따로 만들었을까요?! 왜 그는 군대라는 사회에서 적응을 못하고 돌이킬 수 없는 죄를 지었을까요?! 자식을 키우는 부모의 입장에서 가슴을 가르는 통증을 느낍니다.

제 아이들 학교에도 왕따를 당하는 아이들이 있습니다. 보통 가정환경이 남들과 다른 경우가 많습니다. 부모의 안 좋은 성향이 아이들 세계에서 증폭되는 경우도 보았습니다. 더군다나 보편성과 경쟁을 요구하는 학교라는 집단에서 이런 아이들은 더욱 삐뚤어질 가능성이 높습니다. 인간의 욕구 중 가장 기본적인 자존감에 상처를 받을 가능성이 매우 높기 때문입니다.

결국 임 병장은 자존감 상실과 그에 따른 복수심이 충동적으로 작용했을 겁니다. 세상을 증오하고 부숴버리고 싶었을 겁니다.

현대인들의 30%가 정신적인 불안감과 그 이상의 병적 증세를 갖고 있다고 합니다. 저는 그 이상일 거라는 생각도 해 봅니다. 최근 글로벌 경제위기가 지속되면서 초공급과잉의 시대에 무한 경쟁을 해야 생존할 수 있는 현대인들의 삶은 이렇게 황폐해지고 있습니다.

우리나라가 좀 더 따뜻한 민주주의로 나아가야 합니다. 학교생활에서부터 왕따를 당하는 아이들에게 좀 더 다른 교육환경을 제공해야 합니다. 대안학교도 이런 수요로 만들어진 것이겠지요. 군대에서도 마찬가지입니다. 관심병사들에 대해서는 사회에 적응할 수 있는 현실적인 프로그램을 제공해야 한다고 봅니다. 모든 사람들은 다 타고난 재능이 있습니다. 그 재능을 발견해서 키워주고, 우리가 부족한 영양분을 보충하듯이 기회의 부족으로 결핍된 인성교육을 보충해줘야 합니다. 아울러 군대의 막무가내며 비민주적인 강압적 수직문화도 심각한 문제입니다. 우리나라의 강점이라는 스피드도 군대문화의 유산입니다. 그러나 그 이면에 있는 비인권적이고 비합리적인 그림자도 양산했습니다. 갑과 을의 수직적 구조도 같은 맥락입니다. 임 병장과 비슷한 근무를 했으며 자신도 관심병사였다던 분이 하는 말이 그쪽 근무환경은 상상을 초월할 정도로 매우 열악하다는 겁니다. 고립된 환경에서 병사들이 해야 할 일이 너무 벅찰 정도로 많은데 한국 군대의 무자비한 문화 아래서 더욱 힘들었다는 것입니다. 이쯤 되면 중장기적으로 군대의 정보화와 로봇화, 모병제를 검토해야 하는 시기가 아닌가 싶습니다.

군대의 로봇화는 시급합니다. 우리나라 로봇산업의 발전도 이루면서 부족한 병력을 보충할 수 있습니다. 최근 미국에서 수입하는 최신 기종의 전투기에 결함이 발견되었다는 기사가 발표되었습니다. 국방 예산이 합리적이고 투명하게 결정되고 보다 효과 있는 곳에 집행되길 기대해 봅니다.

진실의 가장 큰 적은 신화다

　　　영웅은 시대가 탄생시키고 사람이 만든다고 합니다. 세상이 혼란하고 탁해야 영웅이 만들어집니다. 뉴스를 보면 강도를 잡은 이웃집 아저씨, 목숨을 걸고 화마(火魔) 속에서 시민을 구한 소방관 등 주변에서 많은 영웅들이 만들어지고 있습니다. 그 옛날엔 이웃이 강도를 당하면 동네 사람들 중 누구라도 부지깽이라도 들고 도둑을 쫓아갔었습니다. 불이 나면 사람을 구하고 불을 끄라고 소방관이란 직업이 있는 것입니다. 흉악한 놈들을 잡으라고 경찰이 있고 간첩을 잡으라고 국정원이 있습니다. 허긴 요샌 투잡(Two job)이 유행이라고 하지만 말입니다.

　　　상식이 빈곤해지는 시대이다 보니 영웅이 필요합니다. 나쁜 놈들 혼내주고, 훔친 물건 다시 돌려주고, 불쌍한 사람들 도와주는 영웅 말입니다. 그 옛날 임꺽정, 홍길동처럼 말이죠.

　　　존 F 케네디는 "진실의 가장 큰 적은 거짓이 아니라 신화다"라는 의미심장한 말을 했습니다. 신화는 자신의 의도를 극적으로 미화시키고 역사 속에 길이길이 사실로 고착시키는 거짓말이기도 합니다. 예를 들어 링컨 대통령은 처음부터 노예 해방을 주장하지 않았습니다. 남북전쟁에 북군 군사가 부족하자 선언한 것입니다. 그러나 사실을 뒤로하고 사람들은 남북전쟁을 미국 노예해방의 신화를 만들었습니다.

다른 예로서 각 나라들의 건국 신화 등이 있을 수 있습니다. 역사적으로 국내외 고서(古書)에 단군의 존재가 밝혀졌지만 단군의 탄생과정은 소설과 같은 신화로 전해옵니다. 단군 신화는 수천 년이 지난 지금까지도 우리의 삶에 직접적인 영향을 끼치고 있습니다. 한국의 절에만 있는 대웅전의 웅은 곰(熊)을 모시던 단군 신화와 불교가 합쳐져서 생긴 문화입니다.

결국, 거짓은 시간이 지나면 사실과 구별되지만 신화는 역사를 흘러 문화로 고착되고 민중들의 삶의 형식에 깊이 관여하게 됩니다. 결국 하지 않아도 될 형식과 문화를 만드는 것입니다.

영웅의 출현을 원하는 사람은 누구일까요?
왜 영웅이 필요했을까요?
영웅이 출현한 후 무엇이 달라졌나요?

멈추지 않는 세월호

2014년 4월 16일은 세월호가 476명의 승객들을 태우고 제주도로 가던 중 침몰한 날입니다. 102일이 지난 지금까지 294명이 죽고 10명이 실종상태입니다. 세월호 참사의 원인은 과적, 국가의 선박 안전 관리 부재와 재난 구조 체계의 미숙으로 인한 참사였습니다. 지금까지 추모객들이 100만 명을 넘었고 아직도 서울역 광장은 매일 수천 명의 사람들이 세월호 희생자들을 위로하고 재발방지를 요구하는 집회를 열고 있습니다. 참사 이후 7시간 동안 연락두절이었던 대통령도 책임지라는 야당 정치인들의 공세도 거셌습니다. 반대로 여당은 이러다 산사람도 다 죽는다며 이제는 세월호의 아픔을 털고 일어나자고 주장했습니다.

야당은 아직 치러야 할 국회의원 보궐선거를 앞두고 정치적 찬스를 놓치지 않으려 한 면이 없지 않았고 여당은 세월호의 피해자이기도 했습니다. 정부는 세월호의 실질적 소유주인 유병언 씨를 잡아서 법적 책임을 지우려고 했지만 신출귀몰한 그를 100일이 지나도록 잡질 못했었습니다. 방송에선 구원파라는 사이비 종교집단의 교주가 결국 사고를 쳤다며 이 사건의 책임을 유 씨와 그의 가족들에게 전가하는 모습이었습니다. 그러다 이미 유병언 씨가 한 달 전 사망한 상태로 발견되었다는 발표가 났습니다. 경찰이 찍은 시신 사진을 구글을 통해 본 순간 12일 전 사망한 사람의 사진이라고는 믿을 수 없을 정도로 백골상태였습니다. 모 정치인은 유 회장이 훨씬 전에 이미 사망했다는 녹취록이 있다고 주장했고 유 회장의 시신 근처 풀이 넓게 누워있어 타살의 가능성이 있다는 의견이 분분했습니다. 그런데 침몰한 세월호에서 꺼낸 노트북을 복구한 결과 그 안에서 국정원이 세월호와 선원들까지 관리해왔던 증거 파일이 나왔다고 6월 26일 KBS 등 뉴스에서 발표가 있었던 겁니다. 모든 것이 혼돈스럽고 참담한 심경입니다. 유 회장의 사망도 믿을 수 없고 한편으로는 70세라는 아직 이른 나이에 변명하나 못 남기고 온갖 오명으로 점철한 삶을 마친 것이 불쌍하단 생각도 들었습니다.

"정치에 참여하지 않는 가장 큰 벌은
가장 저질스러운 인간들에게 지배당하는 것이다."

원칙에 심장은 뛴다

1936년 7월 17일 스페인의 프랑코는 쿠데타를 일으켰습니다. 스페인의 지성들은 주변국들에게 도움을 청했습니다. 그 지성인들 중에 유명한 첼리스트 파블로 카잘스도 있었습니다. 그러나 독일과 이탈리아 파시스트들은 프랑코 군부에 군수물자를 지원했고 영국, 프랑스, 미국은 전쟁 불가침 조약을 내세워 침묵했습니다.

떠돌이가 된 망명자 카잘스는 이들 국가들에선 연주를 거부했습니다.

영국정부는 카잘스에게 이렇게 말했습니다.

"카잘스선생, 외교의 복잡 미묘함을 이해하셔야 합니다"

이에 카잘스는 대답했습니다.

"우리는 서로를 이해할 수 없을 겁니다. 당신은 정치에 대해 말하고 나는 원칙에 대해 말하고 있으니까요"

카잘스의 이 명언은 세월이 지난 지금까지도 가슴을 울립니다. 민중은 원칙을 말하고 정치인들은 정치를 말하니까요.

지켜야 할 그 약속

　　　　책을 읽다가, TV를 보다가, 이야기를 나누다가 우리는 '맞아!', '그렇지!' 하며 맞장구를 칠 때가 있습니다. '왜 미처 그걸 몰랐을까' 할 때가 많지요. 다시 생각해 보면 우리는 이미 알고 있었던 겁니다. 생각이 정리되지 않았거나 평소에 깊게 생각하진 않았지만 우리는 그것을 이미 알고 있었기에 공감하고 이해할 수 있었던 겁니다. 우리 부모에게서나 학교에서 배운 지식일 수도 있을 겁니다. 아니, 그 사실을 우리가 언제부터 알았는지는 모르지만 어쩌면 태어나기 전부터 우리 DNA 속에 녹아있었는지도 모릅니다. 전 후자가 맞을 거란 생각을 해봅니다. 수천 년간, 수만 년간 인류가 살아오면서 터득한 지식이 세포 하나하나에 저장되었던 것이 문득 문득 밖으로 터지듯 나올 거란 생각이 듭니다.

　　　　이런 생각을 하다 보면 우리 속에 잠재된 지식, 진리와 마주하는데 지금의 학교 교육으로는 한계가 있지 않나 생각해 봅니다. 우리는 고요함 속에서 영혼과의 대화를 통해 더 진리에 다가설 수 있지 않을까 하는 생각 말이죠.

오늘도 자기 전에 눈을 감고 명상을 해 볼 겁니다. 신(神)이 제게 준 소명을 기억해 내고 제가 태어나기 전 신(神)과 한 약속을 기억해 내기 위해서 말이죠. 죽기 전에 꼭 지켜야 할 약속, 그 약속을 기억해내기 위해서 말입니다.

선진국이 되기 위한 조건

정상적인 국가는 아무리 어려운 일이 닥쳐도 꼭 지켜야 할 것이 있습니다.

그건 바로 국민들과의 '신뢰'입니다. 선진국들의 가장 큰 자산이 바로 이것입니다.

최근에 가슴을 가르는 분노를 더욱 느끼게 되는 이유는 국가가 국민들과의 '신뢰'를 너무 가볍게 여긴다는 생각 때문입니다.

경제민주화, 국민대통합, 세월호의 진실은 어디로 갔는지요.

정부가 DNA 검사 결과를 들이밀며 유병언 씨의 죽음을 발표했음에도 아직도 많은 국민들은 믿을 수 없다는 반응을 보이고 있는 이유는 왜 일까요?

저도 믿을 수가 없었습니다.

온갖 증거들을 애처롭게 들이미는 정부가 안타깝다는 생각도 들었습니다.

세월호 사건에 국민들이 분노하는 이유는 사이비 교주와 공무원들의 부족한 역량에 대한 것이 본질이 아닙니다. 사이비 교주에 매수당한 권력들, CCTV 삭제하기 급급했던 나태한 공무원들이 한심하여 국가에조차 기댈 수도, 믿을 수도 없다는 국민들의 절망감이 본질입니다.

관피아를 욕하지만 더 무서운 게 정치인들을 뜻하는 정피아입니다. 관피아들은 법의 중요성을 잘 알기라도 하지만 정피아들은 권력과 이익이 우선이기 때문입니다.

여당과 야당 서로 욕할 것 없습니다. 언론인들도 마찬가지입니다. 국민들 앞에서 먼저 반성해야 합니다. 권력에 눈이 멀어 국민들을 이용만 하려고 하지 신뢰를 쌓는 것엔 관심이 없습니다. 권력에만 눈이 멀어 공약을 남발하고 논공행상, 젯밥에 혈안입니다.

어둠을 가르고 장맛비가 내립니다.
우리 가슴도 갈라집니다...

왜 산학협력이 안 될까

이번 정부의 경제정책 키워드는 '창조경제'입니다. '창조경제'는 새로운 고객가치를 지속적으로 만들어내는 경제를 말하는 것으로 지식의 융합과 창의적 사고가 활발히 창출되어야 합니다. 제가 근무 중인 경기테크노파크는 창조경제의 핵심적 기능인 융합을 지원하기 위해 정부에서 처음으로 설립한 국내 1호 혁신클러스터입니다. 혁신클러스터란 산학연이 집적되어 융합을 통한 집단지성, 암묵지가 형성되는 기술혁신 집적지를 말합니다.

최근 삼성경제연구소에서 우연을 성공으로 만드는 힘이 세렌디피티(Serendipity)라고 발표했습니다. 세렌디피티란 뜻밖의 발견이나 발명을 의미하는 것으로 뜻밖의 발견에 성공한 많은 기업들이 이 세렌디피티가 발생하기 쉬운 경영환경을 갖추고 있었다는 것입니다. 구글의 창업자 세르게이 브린과 페이스북 창업자 마크 주커버그는 성공한 이유가 바로 이 세렌디피티 때문이라는 겁니다. 세렌디피티가 발생하는 환경이란 첫째, '사색'할 수 있는 공간과 기회가 제공되어야 합니다. 페이스북, 구글 등 많은 글로벌 기업들이 회사 내에서 직원들이 사색할 수 있는 공간을 만들기 위해 노력하고 있으며 국내의 기업들도 최근에 많은 획기적인 노력을 하고 있습니다. 마이크로소프트 창업자 빌 게이츠는 1년에 두 차례 업무에서 벗어나 외딴 별장에서 'Think Week(생각주간)'을 보내며 통찰력을 키웁니다. 프랑스 수학자이자 물리학자인 앙리 푸앵카레는 "일상을 벗어난 산책이 창조적 아이디어의 원천"이라고 강조한 바 있습니다. 둘째, 우연한 소통인 '교차'가 빈번했다고 합니다. 미시간대학교 오웬 스미스 교수는 "직장 내 동선이 30m 겹칠 때마다 협업이 최대 20%까지 증가한다"고 했으며 MIT 앨런교수도 "엔지니어 간의 거리가 멀어질수록 의사소통 빈도가 급격히 줄어든다"고 했습니다. 이러한 이유로 구글은 2015년 입주예정인 신사옥 설계시 임직원들이 2분 30초 이내에 다른 사람들에게 다가갈 수 있도록 설계했습니다. 셋째, 발견을 실행하는 '연결'이라고 했습니다. 7억 회의 다운로드를 기록한 앵그리버드는 로비오가 52번의 도전 끝에 만든 게임이었고 퀴리부부는 4년 동안 6천여 단계의 농축과정을 거쳐 피치블랜드 광석에서 라듐을 분리하는데 성공했던 것입니다.

  테크노파크 등의 혁신 클러스터는 영세한 중소, 벤처기업들이 규모의 경쟁력을 확보하도록, 세렌디피티 효과를 통해서 융합을 촉진하여 창조경제를 이끌겠다는 야심찬 정책이었습니다. 새로운 일자리를 창출하고 혁신적인 기술의 탄생을 촉발하는데 가장 유용한 정책 중 하나가 혁신클러스터를 구축하는 것입니다. 실제로 전 세계 글로벌 기업들의 자체 기술개발 비율은 80년대 90%, 90년대 80%, 2000년대 50%로 줄어들었으며 반대로 기술시장의 규모는 더욱 커지고 있습니다. IBM, P&G 등은 중소·벤처 기업과 협력을 통한 오픈 이노베이션을 이룩하는 대표적 기업들입니다. 그런데 현재의 대한민국 혁신클러스터 정책이 투입되는 자원 대비 효과가 낮다고 평가를 받고 있습니다. 이 분야에 15년 이상 종사하는 저로서는 매우 난감할 수밖에 없었습니다. 성공하는 기업들의 공통점을 연구한 결과가 〈다시 창업하라〉였습니다. 기업가 정신이 가장 큰 성공의 원동력이었다는 것이었습니다. 그리고 그 기업가 정신은 삶을 관통하는 고민을 통해 얻을 수 있다는 것을 〈삶의 본질과 마주하다〉에서 주장했습니다. 그러나 개인을 떠나 대한민국이 잘살기 위해서는 산업정책도 본질적 차원에서 개선되어야 한다는 것을 이번 책을 통해 밝히고 싶었습니다.

클러스터는 기업들이 집적되어 개별적으로 입지한 기업들에 비해 공동구매, 공동생산 등 규모의 경쟁을 할 수 있고 고위험의 사업을 분산하여 추진함으로써 리스크를 회피할 수 있으며 집적되어 있기에 물류비용 등 거리의 경쟁력이 탁월합니다. 클러스터 개념의 출발은 1890년 알프레드 마샬이 확산추동력, 집중추동력에 의해 운송비 및 설비, 인력 등을 공유하고자 제안했던 개념으로 20세기 들어 리차드슨은 클러스터에 관찰, 비교, 토의라는 수평적 측면과 생산과 거래라는 수직적 측면이 있어서 기업간 상호견제와 동반성장이라는 측면에서 효과가 있다고 주장했습니다. 최근 대부분의 개발도상국들은 국가 산업의 경쟁력 측면에서는 일반적인 기업집적에 따른 물리적인 이익보다도 기업들이 집적하여 자발적으로 형성하는 암묵지와 집단지성에 더 큰 관심을 갖게 되어 혁신클러스터 정책을 추진하고 있습니다.

　　혁신클러스터가 작동하기 위해서는 구조적으로 세 가지 요소가 유기적으로 움직여야 제대로 작동합니다. 첫째는 지역발전의 미래 청사진인 꿈과 목표를 제시하는 대학이나 테크노파크 같은 비전 제시자(Vision Provider)가 있어야 하고 둘째는 기술과 전문 서비스를 꾸준히 제공하는 전문 공급자(Speciallized Supplier)가 있어야 하며 마지막으로 클러스터가 생존하는데 필수적으로 구매자 역할을 하는 대기업과 같은 시스템 통합자(System Organizer)가 있어야 합니다. 이 세가지 구성 요소가 서로 유기적으로 작동해야 혁신클러스터가 작동됩니다.

　　중소기업기업을 육성하기 위해 정부에서는 많은 지원 프로그램들을 운영하고 있습니다. 그중에서 가장 대표적인 사업이 산학연(産學硏) 기술개발 사업입니다. 전 세계적으로 중소기업들은 풍부한 연구 인력을 확보하기 힘들고 연구개발에만 매진할 수 없는 것이 현실입니다. 반대로 대학이나 연구기관들은 자신들이 확보한 기술이 상용화 되는 것을 희망하지만 원하는 기업들을 찾기가 쉽지 않습니다. 수요와 공급적인 측면에서 산학연 공동기술개발은 중소기업들에게 가뭄에 단비와 같은 사업임에는 틀림없기에 정부에서는 수십 년간 엄청난 재정을 투입하여 산학연 공동기술개발을 지원해왔습니다. 그런데 투입된 투자비용에 비해 성과물이 형편없이 낮다는 것이 많은 전문가들의 판단입니다. 그 이유는 대학은 과학을 원하고 기업은 공학을 원하기 때문입니다. 과학은 돈을 들여서 기술을 확보하는 것이고, 공학은 기술을 들여서 돈을 버는 것입니다. 대학은 과학을 원하고 기업은 공학을 원하는 것이 가장 큰 산학연의 장애물인 것입니다. 대학의 교수들은 대학원생들에게 졸업할 논문거리와 과제를 통해 장학금을 주어야 보다 더 유능한 학생들을 제자로 받을 수 있고, 양질의 논문을 생산할 수 있습니다. 이렇게 대학 교수들과 중소기업들이 추구하는 목표가 다르다 보니 문제가 생기는 것은 당연합니다. 교수들은 연구비를 확보하고 중소기업들은 과제 등을 통해 장비, 재료비 등의 비용이라도 벌어보겠다는 생각으로 과제에 도전합니다. 그러나 자신이 갖고 있는 기술이 필요한 중소기업을 찾기가 어렵고 중소기업들도 자신이 겪고 있는 기술을 해결해 줄 적당한 교수들을 찾기가 어려워서 친한 사람들끼리 과제를 하게 되는 악순환이 반복되는 것입니다. 그리고 결정적으로 정부가 대학을 평가하는 잣대가 주로 논문 수라는 것도 산학연이 형식적으로 진행되는 문제의 가장 큰 핵심입니다. 기업에 대한 애정이 아무리 많은 교수라도 자신이 속한 대학에서 좋은 평가를 받아야 생존할 수 있습니다. 소위 명문대학으로 갈수록 이러한 논문 실적에 대한 집착은 더욱더 강할 수밖에 없습니다.

　　혁신클러스터가 성공하기 위해서는 산학협력이 필수적으로 작용해야 합니다. 대학의 고급인력과 기술이 클러스터 내로 계속 유입되어 클러스터가 성장하고 고도화되어야 합니다. 아울러 대기업이나 중소, 벤처기업들은 연구개발 자금을 대학이나 연구기관에 자발적으로 투자해야 함에도 성과가 적다보니 투자를 꺼리고 있는 것입니다. 상황이 이렇다 보니 국가에서 막대한 예산을 투입하여 억지로 협력을 유도하고 있는 것이 실정입니다.

　　1960년대 전까지는 거대기업이 대부분의 기업 활동을 내부적으로 해결했었습니다만 1970년대부터 일본 제조업의 부상으로 부품소재를 중심으로 외부기업에 자사의 활동을 위임하는 수직 계열형 기업형태가 발전했습니다. 대표적인 예로 도요타 자동차를 들 수 있는데 직접 생산하는 부품은 전체비용의 30% 내외에 불과했고 나머지 70%는 하청기업들에게서 조달했습니다. 즉, 저렴하고 질 좋은 부품을 조달할 수 있는 네트워크가 경쟁력의 큰 부분으로 작동했던 것입니다. 1990년대 스웨덴, 핀란드, 이탈리아, 독일 등에서는 이러한 협력관계가 한 지역에서 상생하며 발전하는 혁신클러스터로 진화했고 일본은 갑과 을이라는 구조 속에 마치 군대처럼 수직적인 관계로 고착되었습니다. 일본의 자동차 회사인 도요타는 2010년 대량 리콜 사태가 발생했었습니다. 협력업체들과 수직적 관계에서 발생한 사고였습니다. 우리나라의 산업특성도 일본과 매우 유사한 수직적 형태를 갖고 있습니다. 대기업이 막강한 힘을 갖고 중소기업들은 단지 부품을 공급하는 역할로 전락시켜 글로벌 경쟁력이 약합니다.

　　결국 우리나라의 경우 혁신클러스터의 구성주체 측면에서 가장 문제가 되고 있는 부분이 바로 시스템 통합자(SO)인 대기업 역할의 부재입니다. 대기업들이 중소기업들을 상생의 대상이 아니라 착취의 대상으로 보기 때문에 성과를 기대하기 어려운 것입니다. 대한민국에서 혁신클러스터가 성공하려면 상생의 의지, 기업가 정신이 있는 모범적인 대기업 주도의 혁신클러스터가 필수입니다. 그리고 대학의 보다 적극적인 산학협력 의지입니다. 교수들을 논문 개수로만 평가하는 관행이 지속된다면 변화는 기대할 수 없습니다. 국책 연구기관에 대해서는 연구성과 중심으로 평가하여 운영비 지원을 강화해야 합니다. 운영비를 조달하기 위해 무리하게 과제만 수행하도록 방관해서는 악순환을 벗어날 수 없을 것입니다.

공공의 산업단지는 어떤가?!

　중소기업을 지원하는 업무를 15년째 하고 있습니다. 중소기업들의 경쟁력을 강화하기 위해 기술을 고도화하는 지원에서 글로벌 마케팅까지 전 과정을 지원하는 프로그램을 경험해 봤습니다. 우리나라의 중소기업지원프로그램은 전 세계 어디 내놔도 뒤떨어지지 않는 다양한 메뉴를 갖고 있습니다. 그럼에도 왜 우리나라 중소기업들은 배고픔과 기아에 허덕이고 있을까 자문해 봅니다.

　2005년 한국개발연구원(KDI)에서 조사한 데이터가 생각이 납니다. 정부의 자금은 지원받은 기업과 지원받지 않은 기업의 영업이익율을 비교해 봤는데 지원받은 기업들이 오히려 영업이익률이 낮았습니다. 이러한 결과가 나오는 이유는 무엇일까요? 우리가 지금 기업의 기술개발을 지원하는 프로그램과 지원기관 운영비를 늘리는 것보다 먼저 선행되어 추슬러야 할 것이 있지 않은가 하는 안타까움이 들었습니다.

　가장 근본적인 이유는 산업 생태계가 파괴되었기 때문입니다. 대기업들의 영업이익률이 지난 수십 년간 중소기업의 영업이익률보다 낮았던 적이 거의 없습니다. 대기업과 중소기업의 수직적 착취 구조로는 중소기업들이 살아갈 수 없습니다. 매년 원가절감을 중소기업들에게 요구하며 새로운 혁신보단 싸구려 재료와 부품을 요구하며 중량과 두께를 줄여 납품 원가를 줄이는 데 집중하라고 요구하기 때문입니다.

기업 프렌들리를 지향했던 지난 정권에서도 대기업들을 대폭 지원하여 낙수효과를 기대했지만 효과는 없었습니다. 지금 정부의 탄생의 배경에도 경제민주화가 있었습니다. 그럼에도 바뀐 것은 없습니다.

이 시점에서 저는 발상의 전환이 필요하다고 생각합니다. 정부는 기업유치를 위해 산업단지공단을 개발하여 분양하는 방식에서 토지는 공영화하고 부지를 장기 임대하는 방식으로 전환하는 것이 어떨까 싶습니다. 이 부지를 대기업들에게 중소기업들과 동반성장, 상생의 조건으로 무료나 파격적 조건으로 중장기 임대를 권리를 보장해 주는 것입니다. 오히려 중소기업들에겐 정상적인 임대료를 받을 수 있습니다.

중소기업들과 주변의 주민들의 평가를 통해 30년 단위로 재계약하는 등의 조건도 만들어야 합니다. 대기업과 중소기업들이 오손도손 협력을 통해 혁신의 에너지가 넘쳐나는 산업기술단지, 이런 곳에는 정부의 자금 지원 프로그램이 거의 필요 없습니다. 중소기업들도 서로 입주하려고 할 것이며 이곳에서 창업하려는 기업가가 북적댈 것입니다. 이것이 건강하고 지속가능한 산업 생태계입니다. 이런 곳이 넘쳐난다면 대한민국 국민들의 일인당 국민소득 3만 불, 5만 불, 10만 불은 걱정 없을 것입니다.

도박 권하는 국가

　글로벌 경기침체가 지속되고 있습니다. 내수 경기가 죽었으나 수출 중심의 대기업들은 선방하고 있습니다. 그러나 이런 선방에도 불구하고 국내 중소 벤처기업들의 어려움은 가중되고 있습니다. 협력업체들에게 납품단가 인하를 계속 요구하고 수익금은 투자를 미루고 적립금으로 쌓아놓고 있습니다. 이러니 서민들은 고용불안과 수입 감소라는 이중고를 겪고 있는 것입니다.

　국민들의 원성이 계속되니 이번 정부에만 세 번째 경기 부양 정책이 오늘 발표되었습니다. 그중에 눈에 띄는 것이 주식시장에서 주식 가격 상한 폭을 기존에 15%에서 30%로 인상한다는 것이었습니다. 주식 시장에서 개미들이 수익을 내는 것은 거의 불가능합니다. 전문가들조차도 연평균 수익이 10% 정도입니다. 정부는 서민들에게 허황된 투기를 주문하고 있는 것입니다.

　아울러 제주도와 인천시에 일반인들도 출입할 수 있는 카지노를 허가하는 것이 검토되고 있는 것으로 발표되었습니다. 노동현장에는 일손이 부족한 데도 구직자들은 거들떠보지도 않는 현실은 우리나라가 대단히 비정상적 사회구조를 갖고 있음을 보여줍니다. 그런데 도박까지 권하는 것은 현실 인식을 거꾸로 하고 있는 것입니다. 정책을 만들 때는 자신의 가족에게 적용하듯 중장기적으로 국민들에게 어떤 영향을 미칠지 생각을 하며 만들어야 합니다.

    우리는 이러다가 정말 목적지에 못 갈지도 모릅니다.

인구 감소가 재앙만은 아니다

고령화 및 인구감소가 사회적인 문제가 된 지 벌써 10년 가까이 되고 있습니다. 그러나 그 추세는 수그러들 기세가 아니라 점점 더 증가하고 있습니다. 오늘 신문을 보니 한국에 1인 가구가 빠르게 증가하고 있는 원인이 소개되었습니다.

1인 가구가 2010년 23.9%에서 2012년 25.3%로 늘어났으며 앞으로 30%에 육박할 것으로 예측된다는 것입니다. 국민권익위원회는 2014년 6월 약 한 달간 '국민신문고'와 '미디어다음'에서 942명을 대상으로 '1인 가구 증가 원인'에 대한 설문조사를 진행했습니다.

응답한 내용을 분석해 보니 가족 가치의 약화가 28.8%, 개인주의 심화가 23.6%, 미혼자 증가가 23.0%, 고용불안 및 경제여건 악화가 20.3%로 다들 사회 불안 요인들이 결정적 역할을 하고 있는 것이었습니다. 재미있는 것은 세대별 의견 차이가 크다는 것입니다.

30대 이하 청년층은 미혼자의 증가가 30.1%, 고용불안 및 경제여건 악화가 26.5% 등으로 현실적인 문제를 원인으로 말했고 중·고령층은 가족가치 약화가 31.4%, 개인주의 심화가 26.7% 등 세대의 가치관의 변화를 꼽았다고 합니다. 사람들의 응답을 보면 경기 침체에 대한 걱정을 넘어 앞으로도 안정된 직장과 가정을 구하기는 어려울 것이란 부정적 생각이 강합니다.

그러나 저는 다른 시각에서 이 상황을 바라본다면 그렇게 부정적으로만 판단할 일이 아니라고 생각합니다. 이젠 정보통신 산업과 로봇 산업의 발달로 인해 IoT(사물인터넷)과 자동화가 사회 및 산업 전반에 이식될 것입니다. 사람들이 노동을 통해 할 수 있는 일들은 현격히 줄어들고 지식을 이용한 산업인 지식서비스업, 지식기반 산업이 발달할 것입니다.

90년대 중국의 자본주의 도입과 대량 생산에 따른 공급 과잉으로 인해 어차피 노동력이 투입되는 산업은 한국에선 미래가 없는 산업이 되었습니다. 이젠 정보화와 로봇으로 노동이 대체되어야 하며 불가피한 노동에 대해서는 높은 임금체계가 불가피한 시대가 온 것입니다. 그리고 노동에 대한 제대로 된 가치 보상이 있는 사회가 올바른 사회이기도 합니다.

따라서, 인구가 줄어드는 것이 대한민국의 미래를 위해 나쁜 것만은 아닐 수 있다는 것입니다. 대량생산 등 규모의 경쟁을 하는 기업에게 문제가 더 클 수 있습니다. 대신 줄어드는 세수를 높이기 위한 고부가가치의 지식기반 강소기업 육성을 위해 사람에게 투자하는 좋은 기회가 될 수 있다는 생각을 해 봅니다.

최근 중국의 추격에 흔들리고 있는 삼성전자는 10만여 명에게 일자리를 제공하지만 세계적인 지식서비스업체인 구글은 4만여 개,

페이스북은 2천여 개, 트위터도 3천여 개의 일자리를 만들뿐입니다.

인당 국민소득 5만 불을 넘어선 북유럽의 스위스, 스웨덴, 노르웨이 등의 강소국가들의 인구는 수백만 명밖에 안 합니다. 우리로 따지면 광역시, 도 수준이죠. 중소기업들과 협력하는 존경받는 글로벌 기업을 육성했기 때문에 성장한 나라들입니다.

인구가 많아야 내수 시장이 커지는 것은 맞습니다. 그러나 지금 대한민국의 상황에서 내수시장을 위해 아기 하나 더 낳자는 캠페인이 가당키나 한 얘기인가요? 치열한 전쟁터에서 애 낳는 사람이 어디 있습니까?

이젠 서민들에게 애 더 낳아서 돈 팍팍 써대는 소비자로서 납세자로서 잘 키워달라며 고통을 요구할 것만이 아닙니다. 국가가 중장기적인 비전을 꾸준히 밀고나갈 동력을 확보하는 것이 중요합니다.

그 동력은 대중소기업 간 상생협력 문화, 투명한 국가, 신뢰 자본이 풍부한 건전한 사회입니다. 법은 엄격할 때와 관대할 때가 있어야 함에도 우리나라는 법이 돈 앞에 관대한 경우가 많습니다. 이런 법의 잣대로는 신뢰라는 씨앗은 절대로 꽃을 피우지 않습니다.

세금을 더 높이더라도 사교육을 없애고 대량 교육이 아닌 전인교육을 강화해야 합니다. 대학을 가지 않더라도 적어도 인간답게 살다 죽을 수 있는 복지시스템이 마련되면 낭비되는 사교육비와 시간이 시장 경제에 단비가 될 것입니다.

정치인들이 추진한 정책들에 대해서도 임기가 끝난 다음에도 책임을 지게 하는 법적 장치를 만들어야 합니다. 무책임한 행정은 서민들의 삶을 파탄으로 만들기 때문입니다.

조선족의 가슴병

EBS의 지식채널e에서 조선족의 가슴병을 방영한 적이 있습니다. 중국 56개 소수민족 중에 가장 먼저 대학을 세운 민족이 조선족입니다. 이들은 일제 강점기에 가혹한 수탈을 못 견뎠거나 조선의 독립 운동을 위해 두만강을 건너 만주로 간 우리 민족들입니다. 실제로 이들 중 70%가 항일 독립운동가의 자손들입니다.

중국의 자본주의 도입 후 200만 명 중 50만 명인 25%의 동포들이 한국에 들어와 온갖 멸시를 딛고 고단한 노동으로 돈을 법니다. 이분들이 한 해 중국의 가족들에게 보내는 돈이 10억 달러에 달할 정도로 엄청나다고 합니다. 그래서인지 조선족들을 보는 국내 시선이 점점 더 차가워지고 있습니다. 그러나 한국노동연구원의 보고서에 따르면 조선족 근로자가 1% 증가할 때 내국인이 실업자가 될 확률은 0.003%에 불과하다고 했습니다. 삼성경제연구소도 비슷한 결과를 발표했습니다.

조선족들이 더 안타까운 것은 중국에 남겨놓고 온 가족들 때문입니다. 꽃다운 아이들을 남겨놓고 들어와 온갖 고생 마다하지 않고 일하다 보니 가정이 파탄 나는 경우도 부지기수라고 합니다. 어느 소학교 4학년 여자 어린이는 나쁜 돈 때문에 부모를 잃었다면서 일요일이 슬프다고 합니다. 조선족학교 교직원은 대부분의 아이들이 한숨과 함께 눈물을 흘리는 가슴병을 앓고 있다고 합니다.

우리는 단일민족을 유난히 강조합니다만 역사를 되돌아보면 신라의 박혁거세, 조선의 이성계 등 수많은 이민족들이 왕이 되고 우리와 함께 살아왔습니다. 글로벌 대한민국이 미국과 유럽만을 염두에 둔 용어가 아닙니다. 인구수로 따지면 중국과 인도만 합해도 30억 인구에 육박합니다. 아시아 인구수는 전 세계 인구의 60%를 넘어서고 있습니다. 조선족의 아픔을 보듬고 나아가서는 외국인 노동자들에게도 온정을 베풀어야 대한민국 국민다운 겁니다.

프란체스코 교황님께

2014년 8월 14일 프란체스코 교황님이 방한을 하셨습니다. 방한을 앞두고 많은 분들이 교황님께 대한민국 국민들이 겪는 아픔을 이야기 했습니다.

저도 가톨릭 신자는 아니지만 교황님께 SNS를 통해 기도를 부탁드렸습니다.

'평생을 청렴하고 서민들과 함께한 프란체스코 교황님이기에, 그리고 제가 어렴풋이 알고 있는 신이
교황님이 모시는 분과 같은 분일 거란 생각에 기도를 드립니다. 부디, 세계 유일의 이념 분단의 아픔을 겪는 대한민국이
세계 평화의 모범적 사례로 성공할 수 있도록 축복해 주시길 기원합니다.

세월호 참사의 유가족들과 희생자 영혼들의 아픔을 어루만져 주십시오.

암흑과 같은 고통 속에 있는 소외받는 서민,

폭력 피해자들에게 신의 온기를 불어넣어 주십시오.

그리고 무엇보다 신의 소리를 듣지 못하고

탐욕으로 남의 머리에 총을 겨누고 있는 도적들에게 참회의 기회를 주십시오.

우리 인류의 미래가 청소년들에게 있기에

그들에게 꿈과 희망의 씨앗을 가슴에 품을 수 있도록

긍정의 물과 인내라는 햇빛을 듬뿍 뿌려주십시오.

아멘.'

"길의 끝에 마을이 있고 휴식이 있습니다.
그 끝에 이르지 못하면
후회와 아쉬움만 있을 뿐입니다.
우리가 포기하지 말아야 하는 이유가
바로 이것입니다."

합의란

　　오늘의 뉴스에서는 세월호 참사 문제를 해결하기 위하여 여야가 재합의를 이뤘다는 것이 톱뉴스였습니다. 야당이 기존의 여당과의 합의를 며칠 만에 깨고 재협상을 통해 얻었다는 점에서 야당 내의 극한 대립의 문제가 표면화 되었었습니다. 핵심 쟁점이었던 특별검사 후보 추천위원회의 구성 방식은 국회에서 추천하는 4명 중 여당 몫 2명을 야당과 세월호 사건 유가족의 사전 동의를 받아 선정하는 데 합의하면서 재합의가 마무리된 것입니다. 그런데 야당 내 강경파들은 유가족들이 반대한다면서 재합의도 무효라고 주장합니다. 여당 내에서도 너무 많이 양보했다고 불만의 소리가 크다고 합니다.

　　국민들을 대표하는 국회의원들 사이에서도 이렇게 이해할 수 없는 졸속한 합의와 파기 그리고 재합의가 일어나는 과정이 일어나는 것이 안타깝습니다. 서로 신뢰가 부족한 사회, 완성도 보다는 속도가 우선하는 사회, 자신의 주장만 옳다는 사회, 권력에 충성하는 사회가 지금 우리가 사는 이 나라의 단면입니다.

　　한국을 방문했던 프란체스코 교황께서도 세월호 유가족들을 만나보고 정치적 중립을 지킬 수 없었다는 말을 한 것은 분명 우리 정부의 미숙한 대처를 비판한 것입니다. 이런 교황의 리더십에 국민들이 감동했고 여당도 재합의 요청에 움직이지 않을 수 없었을 겁니다.

민주주의는 다양한 의견을 수렴하기에 시간과 비용이 많이 들어가는 시스템입니다. 그 비효율을 극복하고자 정당정치를 통해 합의제도를 운영하고 있습니다. 합의는 일방적인 의견 수렴이 아닌 쌍방향의 의견 수렴을 요구합니다. 즉, 둘 다 양보하여 접점을 찾자는 것입니다.

양극단의 사람들일수록 정의의 사도일 수 있습니다. 그러나 양극단의 사람들의 수준이 국가의 수준을 보여준다는 것을 아셔야합니다. 그리고 지나친 갈등의 표출은 국민들의 철저한 외면을 받을 것임을 아셔야 합니다. 국민들은 합리적이고 상식적 수준의 합의를 요구하며 합의가 도출됐다면 순순히 승복하는 모습을 보고 싶은 것입니다. 우린 무지 아프지만 갈 길이 아직도 아주 멀기 때문입니다.

그림자 뒤에서 태양을 보다

1946년 제2차 세계대전 후 45세의 젊은 나이에 스웨덴의 총리가 된 타게 에를란데르는 경제재건이라는 막중한 책임 속에 비전을 발표했습니다.

"다 함께 성장하자"

노사 간의 갈등으로 파업이 끊이지 않던 시절 젊은 총리는 노사정 간의 대화를 제안했고 서로의 고충을 이해하는 시간을 갖게 됩니다. 그리고 매주 목요일 저녁을 같이 먹는 목요클럽을 만들었습니다. 이 클럽은 23년간 계속되며 서로가 신뢰하는 기회가 되었습니다.

어느 여름날 타게 에를란데르는 휴가 별장에 각계 사람들을 초대하고 자신이 말했던 상생의 비전을 이룰 전략을 공표합니다.

아동수당 연금, 전 국민 무상의료보험, 주택수당법 등을 발표하면서 돈보다 사람이 먼저이며 세금을 늘리는 게 아니라 모든 국민의 소득을 늘리는 것이라며 기본적인 생계 문제가 사람의 발목을 잡지 않아야 한다고 주장했습니다.

결국 타게 에를란데르 총리의 진심 정치는 노사정 대타협을 이끌었고 목요클럽은 '소통 민주주의'를 다지는 초석이 되었습니다.

타게 에를란데르 총리의 국가 운영 철학은 "국가는 모든 국민을 위한 좋은 집이 되어야 한다. 그 집에서는 누구든 특권의식을 느끼지 않으며 누구도 소외되지 않는다"였습니다. 다시 말해 국가는 국민의 집이란 것입니다.

1969년까지 23년간 총리로 재임했음에도 집 한 채 없었던 그는 국민들의 만류를 뒤로하고 정계를 은퇴했습니다. 그는 1985년 84세의 나이로 세상을 떠났지만 스웨덴 국민의 아버지로 영원히 국민들 가슴속에서 살아있습니다.

대한민국에 이런 정치 지도자가 나왔으면 하는 안타까운 바람을 가져보면서도 스웨덴 국민들도 인내를 갖고 23년을 타게 에를란데르 총리를 지지하며 기다렸다는 것에서 민주주의는 그 누구만의 숙제가 아님을 확인시켜줍니다.

신문을 끊은 이유

　　신문을 안 보는 가정이 점차 늘고 있습니다. 인터넷 시대이니 컴퓨터, 스마트폰 등만 켜면 무료로 뉴스를 볼 수 있다는 것이 가장 큰 이유일 겁니다.
　　그러나 저는 더 큰 이유가 있을 것이라고 생각합니다. 그건 신문이 신문의 본질을 망각하고 있기 때문이란 것입니다. 정치적 중립과 사실에 근거한 기사만을 낼 수 있다면 지금 이 시대에 경쟁력 있는 신문사나 언론으로 생존할 방법은 많다고 봅니다. 언론이 권력에 취해 정치와 춤을 추다보니 국민들은 언론을 부패한 정치인들과 같은 부류로 여기고 있습니다.

　　아는 만큼 보이고, 아는 만큼 행동하고, 아는 만큼 사는 것이 인생입니다. 그래서 VERITAS! 진리가 너희를 자유롭게 하리라는 말은 매우 의미심장한 말입니다. 문제는 우리가 얼마나 많고, 진실에 가까운 정보를 갖게 되는가 입니다. 우리는 사실에 관한 정보를 신문, 방송, 인터넷을 통해 얻습니다. 그중에서 가장 신뢰할 수 있다고 믿는 것이 뉴스 방송이 아닐까 합니다. 그러나 최근 YTN, MBC 등의 사태를 보면서 많은 사람들이 뉴스를 불신하는 사태까지 가고 있습니다. 신창섭 님의 〈독일 1등 NEWS 타게스샤우〉는 우리나라 방송의 현주소, 한계, 발전방안 등을 제시한 바 있습니다.

독일 최고의 뉴스방송 타게스샤우는 공영방송인 ARD사가 저녁 8시에 15분간 정치뉴스를 중심으로 방송합니다. 국민 약 1,000만 명이 보는, 수십 년간 항상 시청률 1위를 유지하는, 우리나라 KBS, MBC 운영체제의 모태 방송입니다.

타게스샤우의 특징은 전통을 고수합니다. 오래된 우동집이 그 옛적 허름한 집에서 그대로 우동을 뽑는 이치와 같습니다. 아직도 아나운서가 손에 종이를 들고 읽습니다. 영상을 통해 사실을 왜곡하지 않으려 노력합니다. 피상적인 것보다 본질에 다가서려는 그들만의 일관된 뉴스양식을 고수합니다. 있는 그대로 정보를 제공한다는 것입니다. 우리나라처럼 경영실적을 위해 걸핏하면 정보기능을 축소하고 뉴스 시간대를 옮겨 드라마 시청률과 승부를 겨루려 하지 않습니다. 시청률 때문에 제목을 선정적, 자극적, 오락적, 첨단기술 등을 사용하지 않습니다. 예를 들어 '결국', '이제', '환호', '덮쳐' 등 주관적 판단이나 기호를 사용하지 않습니다. 베를린 장벽이 무너진 날 뉴스 제목은 '국경개방'이었습니다. 마지막으로 실력 있는 기자를 배출하기 위해 노력합니다. 좋은 뉴스는 기자에 대한 투자에서 출발합니다. 그래서 오락분야 비용을 절감해서라도 예산이 많이 드는 해외 특파원 망을 유지합니다.

타게스샤우의 탄생을 보면 그 원인을 알 수 있습니다. 독일이

2차 세계대전에서 패전 후 연합국의 지배 아래 놓이면서 자기 결정권을 상실했습니다. 중앙집권의 뿌리를 잘라버리겠다는 것입니다. 중앙권력이 개입하는 방송체제로 히틀러가 탄생했다는 것이었죠. ARD는 개별 법인들인 지역방송사에서 콘텐츠를 제공받아 취합한 후 별도 편성으로 방송을 만듭니다.

지역방송마다 의회, 종교계, 농민단체, 여성단체, 청소년, 공무원노조 등 거의 모든 사회세력이 구성원으로 참여하는 방송위원회가 있습니다. 취재, 제작, 편집, 예산, 인사, 운용 등이 모두 개별 독립되어 있습니다. 우리나라 B방송사의 경우는 여당 추천인원이 많은 구조로 되어 있어 공정성에 문제가 생길 여지가 있는 것입니다. 그리고 중앙에 대부분의 결정권이 있습니다.

ARD 이사회 의장인 노보트니의 "국민들이 보고 싶어 하는 것이 문제가 아니라, 무엇이 중요한가를 찾아내는 것이 중요하다."는 말에서 타게스샤우의 경쟁력, 차별성이 간단하게 정리됩니다.

오늘 우리나라 신문들의 1면 톱 이슈는 어느 여자 연예인들이 이병헌 씨를 공갈협박한 기사더군요. 더 이상 궁금하지도 않는 기사임에도 TV, 라디오, 신문, 인터넷 등에서 반복해서 들려주니 눈과 귀 그리고 머리에 자동 입력되고 있습니다. 이병헌 씨와 그의 아내 이민정 씨가 얼마나 힘들까 하는 생각이 먼저 들었습니다.

인터넷 신문들은 더 가관이 아닙니다. 1면을 보면 열이면 아홉은 외설적이고 자극적인 사진들이 한 구석에 버젓이 자리 잡고 있습니다. 스포츠 신문은 이미 정체성을 잃었다 치더라도 국내 메이저급

신문들조차도 네티즌들에게 클릭을 구걸하고 있습니다. 언론의 자부심은 상업에 물들어 이미 땅바닥에 내팽겨 버린 지 오래입니다.

　　아이들의 교육과 나라의 미래를 걱정하는 기사를 보면 구역질이 나는 것을 참을 수 없습니다. 공인으로서 남을 비판할 때 자신의 처지에 더욱 냉정해야 함에도 뭐 묻은 개가 뭐 묻은 개 나무라는 격이라면 누가 그 비판을 자아성찰의 채찍으로 받아들일 수 있을까요?

법은 스스로 지켜주지 않아

오늘 류여해 사법교육원 교수님의 강의를 들었습니다. 대법원 재판연구관과 국회에서 법제관으로서 직접 법의 제정과 개정의 일선에서 겪었던 모순들을 말씀해주셨습니다.

보통 사람들은 법을 논하면 머리가 아프다고 외면하지만 눈을 뜨고 직장에 출근하면서 법과 마주합니다. 도로교통법, 민법 등 말이죠.

최근 벌어진 김수창 전 제주지검장 사건을 아실 겁니다. 바바리맨처럼 대중들 앞에서 외설적인 행동을 해서 물의를 빚었습니다. 이분은 시민의 신고로 경찰서에 연행된 후 동생의 주민번호를 대면서 자신의 신분을 노출하지 않으려고 했지만 지문을 통해 신분이 노출되었습니다. 현재 대한민국의 분위기상 자신의 직위와 권력을 이용해서 이번 사건을 회피할 수 있었음에도 김수창 씨는 동생으로 위장하려 했던 것이 특이합니다.

문제는 이 사건이 공연음란죄라는 위법사항으로 벌을 받게 될 것이란 겁니다. 이 죄로는 1년 이하의 징역이 선고될 것입니다. 그러나 타인의 주민등록번호로 자신의 범죄를 은폐하려는 시도를 하였기에 주민등록위반이라는 3년 이하의 징역 선고가 가능했습니다. 그런데 경찰은 왜 공연음란죄로 처벌하려는 것인지, 지점장에 대한 마지막 배려가 아닌지 의심스럽다는 것입니다.

여러분이 마트에서 물건을 사고 집에 왔는데 결제가 안 된 한우 소고기 1kg이 박스 안에 있었다고 가정해보세요. 어떤 기분일까요? 대부분 사람들은 횡재했다고 생각할 겁니다. 저 같아도 그럴 겁니다. 그런데 2013년 한 해 동안 할인매장 등에서 결제가 안 된 물건을 되돌려주거나 신고하지 않았다는 이유로 1만 9천여 명의 사람들이 점유이탈물횡령죄로 신고 받고 정가의 10배의 돈을 배상하는 실형을 받았습니다.

류여해 교수님은 담당 경찰관이 이 상황을 절도로 처리할지 점유이탈물횡령죄로 처리할지 선택할 수 있는 권한을 갖고 있는 것이 대한민국 법의 한계라고 말합니다. 법이 모호하게 제정되었다는 것으로 이런 사례가 아주 많다는 것입니다. 경계가 모호하면 심판에게 권한이 쏠리게 되어있다는 것입니다.

지난 몇 달 전 어느 대기업 이사가 비행기 안에서 승무원에게 라면을 주문했는데 자신이 요구한 쫄깃쫄깃한 라면이 아니라며 세 번을 반복하여 다시 끓여오라고 하면서 면박을 주고 잡지책으로 폭행을 한 사건이 있었습니다. 국민들은 이 대기업 임원의 무례한 행동에 대한 분노로 인터넷을 달군 적이 있습니다. 그런데 만약에 이 사건의 피해자인 승무원이 항공사 소유주의 직계 가족이었다면 어떤 기분이 드시나요?

　　법이란 무엇인가요? 정의(正義)를 실현하는 도구라고 합니다. 그렇다면 정의(正義)는 무엇인가요? 마이클 센델이 이 정의(正義)로움이란 주제로 전 세계를 흔든 적이 있습니다. 류여해 교수님은 "정의(正義)란 정의(定義)내리기가 아주 어려운 말이지만 마음이 긴장한 상태에서 내린 양심이며 개인마다 정의(正義)에 대한 정의(定義)가 다를 수 있다"고 말합니다. "법은 스스로 우리를 지켜주지 않으며 법조인이 지켜준다"는 뼈있는 명언을 남기시네요.

　　성폭력범이나 유괴범, 살인범, 강도범에게 전자발찌를 채우고 있습니다. 원래 입법하려고 할 당시 전자팔찌를 주문했으나 듣는 사람이 잘못 알아들어 전자발찌로 되었다는 해프닝도 있습니다. 여하튼 2013년을 기준으로 전자발찌 착용자가 2천 600여 명이라고 합니다. 2008년에 비해서 20배 넘게 늘은 숫자입니다. 그런데 전자발찌를 훼손하고 도주한 경우는 확인된 것만 2014년 상반기에만 8차례 됩니다. 그러나 전자발찌를 관리하는 인력이 200여 명뿐이라고 합니다. 법무부 직원은 인력과 예산 증액을 꾸준히 요청했으나 예산상의 문제로 반영되지 못하고 있다고 말합니다.

　　이 정도면 전자발찌를 차고 다니는 사람이 바보로 취급될 정도입니다. 관리가 안 되는 전자발찌의 실효성이 다시 검토되어야 할 시점입니다. 전자발찌 훼손 사건이 발생할 때마다 훼손하기 어려운 발찌를 개발한다고 하지만 체계적인 치료와 함께 병행하지 않으면

이 역시 근본 대책이 될 수 없습니다.

　　이들의 얼굴과 주소, 실명을 다 공개하자는 말이 나옵니다만 그것은 한 사람의 인생을 결정짓는 가혹한 벌이 될 수 있다는 측면에서 신중해야 할 문제이기도 합니다.

　　저는 보다 본질적으로 우리나라 교도소의 기능이 바뀌어져야 할 시기라고 생각합니다. 지금 우리나라 교도소는 범죄자를 양성하는 악순환을 겪고 있습니다. 유럽의 시스템처럼 새로운 인생을 살 수 있도록 교화하는 시스템으로 발전시키지 않는다면 전자발찌 시장을 육성하는 효과만 있을 뿐입니다.

요동은 양 극단에서 일어난다

극우와 극좌에서 세상은 혁신과 혁명, 쿠데타가 일어납니다. 이 둘은 조용히 움직이질 않고 요동을 만드는 동력을 갖고 있습니다. 시소를 타보면 짜릿한 덜컹거림을 느낄 수 있는 곳이 맨 끝인 것처럼 말이죠.

기존 가톨릭 교회에 반기를 든 루터, 세상을 지배하려 했던 히틀러… 다들 극단에 서 있던 사람들이었습니다. 지금 일본의 아베도 극단을 선택했습니다.

극단이 새로운 패러다임을 만드는 동력으로 작용하는 건 맞지만 기존의 관성력에 요동을 주는 것을 피할 수 없습니다. 시속 80km로 달리고 있는 자동차에 급제동이나 급가속을 주는 것처럼 말이죠. 동력은 임계치를 넘어서야 효과를 만듭니다. 물이 100도씨라는 임계온도를 넘어야 끓는 것처럼 말이죠. 극단이 만드는 동력의 임계치는 민중의 인내력과 같이합니다.

대부분의 사람들은 극단의 사람들을 두려워하거나 귀찮아합니다. 극단의 사이에 있는 사람들 중 부정적 경향의 사람들은 변화의 결과에 대한 확신이 없거나 반복된 변화 요구에 대한 피로감이 있는 경우입니다. 반대로 긍정적 경향의 사람들은 요란스런 변화보다 조용히 물 흐르듯 변화하길 바랍니다. 정치에 무관심한 40% 내외의 사람들이 이런 상태가 아닐까 싶습니다. 그래서 극단의 사람들은 자신의 조급함을 이기지 못하고 과격해지는 것이 보통입니다.

  사회가 안정한 상태에서 발전하려면 극단의 사람들이 서로 견제되어야 합니다. 어느 한쪽에 힘이 쏠리면 요동이 불가피합니다. 자석에 N극과 S극이 같은 힘의 세기로 있듯, 세상이 음과 양으로 움직이듯 극단의 사람들은 공격과 방어로 인생을 투사처럼 사는 숙명을 타고 난 사람들인 것도 세상의 이치인가 봅니다.

순수한 정치가 그립다

　　오랜만에 전구등을 보니 왜 그렇게 반갑던지요. 노란 빛을 내는 전구는 형광등보다 밝지는 않지만 옛 추억과 함께 온기가 느껴지는 등입니다. 오랜만에 만난 친한 친구를 요리조리 바라보듯 계속 보고 있다 보니 노란 불빛을 내는 부분의 필라멘트가 뜨겁게 달아오른 모습이 보입니다.

　　에디슨이 백열전구를 개발할 때 이 필라멘트 소재가 핵심이었습니다. 전기 저항을 오랫동안 견디면서 전기를 빛으로 바꿀 소재를 찾아야 했지요. 그런 소재를 찾아 해매다가 멀리 태평양을 건너 일본의 대나무 숯을 찾고 나서야 백열전구 실험에 성공했다고 합니다.

　　백열전구의 빛을 만들어내는 필라멘트는 교통체증을 일으키는 얇은 전선이라고 보시면 됩니다. 전기를 일부분만 통과시키고 나머지는 열과 빛으로 변환시키는 것이죠. 전기의 세계에서 보면 짜증나는 놈입니다.

　　요즘 사회적 갈등의 골이 깊게 패인 것을 사회 곳곳에서 보고 있습니다. 그러나 이런 사회적 갈등이란 것이 민주주의의 본질이 아닌가 싶습니다. 다양한 의견을 수렴하여 제러미 벤덤이 주장한 공리(公利)적인 방향으로 가는 것이 아닌가 말이죠. '일방통행', '불순한' 정치가 아닌 '건전한', '순수한' 정치가 아쉬울 뿐입니다.

권리와 의무

　　신문의 제목을 훑어보던 중에 50대 아들이 자신의 어머니를 살해하고 자신도 자살한 사건이 눈에 들어옵니다. '어떻게 이런 몹쓸 짓을 했을까.' 생각을 하다가 '왜 그랬을까?' 하는 궁금증에 기사를 읽어보았습니다.

　　기사의 내용을 보니 부산의 어느 아파트에서 우울증 정신질환을 앓고 있는 52살의 아들이 그동안 자신을 부양했던 74살 어머니와의 비참한 삶을 비관하여 저지른 행동이었습니다.

　　아들이 정신질환으로 결혼은 물론 사회생활을 제대로 할 수 없자 어머니는 기초생활수급자로 지정되어 정부지원금을 받고 공공근로까지 해가며 어렵지만 아들에게 헌신적으로 살아오셨습니다. 아들은 생활고와 여동생에게까지 짐을 지우면서 장남 역할을 못하는 것을 비관한 나머지 이런 행동을 했다고 추정하더군요.

　　마음이 답답했습니다. 이런 분들에 대한 정부의 적극적 지원 검토가 필요한 시점이 아닌가 싶습니다. 가난은 창피한 것이 아니라 불편한 것이라는 말이 있잖아요. 장애는 선택한 것이 아니기에 더욱 더 그런 것이 아닌가 싶습니다.

　　유명한 그룹사운드 부활의 리더이자 장애아를 둔 김태원 씨도 아이를 미국으로 보냈습니다. 미국은 장애를 갖고 있는 분들에 대한 편견이 없다는 이유였습니다. 입장을 바꿔 생각해보면 참 가슴 아픈 이야기가 아닐 수 없습니다. 사랑하는 가족과 떨어져 살도록 내모는 사회는 건강한 사회는 아닐 겁니다.
　　당장 저만 하더라도 불편한 이웃과 함께 산다는 것이 편하지는 않습니다. 그러나 풍족함의 권리 이면에는 책임도 있다는 것을 인식하는 것이 선진국민의 의무가 아닌가 싶어서 스스로를 반성해 봅니다. 그런 면에서 미국 등 선진국이라는 나라들이 대단한 국가들임을 다시 한 번 느껴봅니다.

누가 아베를 움직이는가?

2014년 7월 1일 일본 극우 정부 수장인 아베가 집단적 자위권을 확대하는 법 개정을 결정했습니다. 현재까지의 집단적 자위권은 밀접한 관계에 있는 국가가 공격받을 경우 무력으로 개입할 수 있는 권리입니다. 그러나 이 집단적 자위권을 보유하고 있었지 행사할 수는 없었습니다. 이를 계기로 아베는 일본을 전쟁할 수 있는 나라로 바꾼 것입니다.

저는 아베 정권의 역사 왜곡 등 극우적 망동(妄動)을 서슴지 않는 모습을 보면서 김진명 씨의 소설 〈제3의 시나리오〉가 떠올랐습니다. 김진명 씨는 사실을 기반으로 한 국제 정치 소설을 쓰는 분으로 아주 유명합니다.

미국은 한국에 대한 정치적 개입을 위해 국내 대통령을 포함한 고위관료, 정치인들을 도청해왔으며 이 정보를 바탕으로 자국의 이익이 극대화되는 방향으로 협박 등을 통해 실력행사를 했다는 겁니다.

미국이 한반도에서 원하는 것은 평화가 아니라 끊임없는 긴장입니다. 미국이 용산기지에서 철수하고 후방으로 이동하는 것도 숨은 의도가 있었다는 것입니다. 그동안 수많은 책, 언론 등에서 거론되었듯이 미국을 실질적으로 지배하고 있는 금융, 석유와 무기 재벌들이 자신들의 이익을 위해서 끊임없이 본토 밖에서 서로 치명적이지 않을 만큼의 전쟁이 있기를 원합니다. 이를 통해 세계 경제를 좌지우지하는 패권을 유지하길 원합니다. 이런 전략이 언제까지 통할지는 모르겠지만 말이죠.

이번 아베정권이 집단적 자위권을 확대하겠다는 의지에 미국은 적극적인 찬성을 보내왔습니다. 미국은 G2 국가로 떠오른 중국을 견제하면서 자국의 이익과 패권을 유지하기 위해 무게를 견딜 수 없는 일본에게 왕관을 씌워줬습니다.

일본을 움직이는 아베, 아베를 움직이는 미국, 미국을 움직이는 슈퍼 울트라 악덕 재벌의 연결고리를 방관할 수밖에 없는 약소국의 비애감이 느껴질 뿐입니다. 그러나 미국의 추락이 시간문제라는 건 많은 미래학자들의 예언에서 모아지고 있습니다.

저는 미국 몰락의 가장 큰 이유는 정의롭지 못했기 때문이라고 생각합니다. 주변을 보세요. 힘자랑만 하는 권력자들의 최후가 어떤지 말이죠.

먹는 것 가지고 장난치지 마라

　　유전자 변형 옥수수를 먹고 자라나는 미국산 소고기의 소비량과 일본의 암 증가율은 비례한다고 후나세 슌스케 씨는 〈몬스터 식품의 숨겨진 비밀〉에서 주장했습니다. 유전자 변형 농산물이 건강에 해로운가는 학계에서 아직도 이견이 많습니다. 그러나 식품이란 것은 그 파급 효과가 매우 크기 때문에 매우 신중하고, 보수적으로 판단해야할 분야입니다.
　　2012년 9월 19일 영국의 〈데일리 메일〉에는 프랑스 칸 대학의 한 연구팀이 세계에서 가장 많이 팔리고 있는 미국의 유전자 변형 옥수수 '킹콘'을 2년간 200마리의 실험용 쥐에 먹인 결과 80% 가까운 쥐에게서 종양이 생겼다는 것을 발표했었습니다. 이 밖에 다른 연구 집단에서 발표한 사례를 보면 유전자 조작 감자를 먹고 자란 쥐의 성장 장애, 유전자 조작 옥수수로 나비 유충의 감소 등이 보고된 바 있습니다.
　　유전자 변형 농산물 제조사는 기본 성분이 같기 때문에 사람에게는 전혀 문제를 일으키지 않는다고 주장하지만 1988년 말부터

1999년 6월에 걸쳐 미국에서 유전자변형 건강식품이 심각한 문제를 발생시킨 사례도 이미 있습니다. 일본의 쇼와덴코사가 유전자를 조작한 필수 아미노산 트립토판을 다이어트 제품으로 판매했는데 38명이 사망하고 1,500여 명이 피해를 당한 사건이었습니다. 유전자 변이한 미생물이 미량의 독성 단백질을 생성한 것으로 밝혀졌습니다.

현재 유전자 조작 농산물들이 식용으로 유통되기보다는 감미료, 사료, 식용유 등의 원료로 대부분 사용되고 있습니다. 결국 직접 또는 간접적으로 사람이 먹고 있다는 것은 자명한 사실입니다. 충격적이게도 미국산 소고기에 유해 성분인 에스트로겐 잔류량이 일본산 쇠고기의 최소 3배에서 최대 600배나 많다는 발표도 있었습니다. 이래서 "맥도날드를 먹는 것은 유전자 변형 옥수수를 먹는 것과 같다"는 주장이 나오는 것입니다.

세계적으로 유전자변형식품을 만드는 대표적 회사는 1970년대 베트남 전쟁 때 사용해서 큰 문제를 일으켰던 고엽재 제조사인 몬산토라는 회사입니다. 이 회사는 전 세계 유전자 조작 농산물을 거의 독점하고 있으며 종자 시장도 90%를 독점하면서 매년 급성장하고 있습니다. 몬스터 옥수수 '킹콘'은 해충에 강하도록 유전자가 조작되었을 뿐만 아니라 특정 제초제에 강하도록 유전자가 조작되었습니다. 그 제초제는 바로 몬산토사의 주력 상품인 '라운드업'입니다. 유태계 록펠러 자본의 계열사인 몬산토는 미국 정부에 로비를 통해 옥수수 농가를 육성하고 세트로 판매를 해서 세 배로 돈을 벌고 있는 것입니다.

무르지 않는 토마토, 전갈 유전자를 삽입한 양배추, 백신 기능을 하는 바나나, 괴물 연어, 털 없는 닭 등이 이미 개발되었다고 합니다. 몬산토는 지금 '터미네이터 종자' 판매 전략을 취하고 있습니다. 유전자를 조작해서 자신들의 또 다른 제품인 블록 해제제를 사용하지 않으면 종자가 스스로 발아하지 못하도록 한 것입니다. 농민들은 종자를 살 때 블록 해제제와 제초제를 세트로 사야 굶어 죽지 않을 만큼 돈을 벌 수 있는 것이 미국 농가의 현실이라고 합니다.

우리나라 옛말에 "먹는 것 가지고 장난치지 말아라. 벌 받는다"라는 말이 있습니다. 아무리 돈에 눈이 어두워서 보이는 것이 없다고 하더라도 이 정도면 그 죄악이 심각합니다. 그 벌 값을 어떻게 다 치르려고 이러는 건지 말입니다.

악마를 보았다

2014년 7월 초 이스라엘 10대 소년 3명이 팔레스타인 과격단체에 납치되어 살해되는 사건으로 인해 시작된 싸움으로 백여 명의 어린이를 포함하여 수백 명의 파키스탄 국민들이 며칠째 죽고 있습니다. 공격 대상을 주택, 사원, 병원, 방송국 등 민간인들이 있는 곳까지 무차별적으로 폭격하다 보니 수천 명에 달하는 사람이 다치게 되었습니다.

대량 학살과도 같은 참사가 일어난 이유는 플레셰트(flech-ette)탄을 사용했기 때문이라고 합니다. 플레셰트는 프랑스어로 작은 화살이라는 의미인데 탱크에서 발사된 포탄이 날아가면서 길이 37.5mm의 수천 개 화살로 흩어져 포탄이 떨어진 지점 주위 100미터 안에 있는 모든 것들에 화살을 꽂는 반인륜적 무기입니다.

1950년 대한민국이 6.25전쟁을 겪을 당시 네오팜탄이란 폭탄이 사용되었다고 합니다. 미국의 화학 회사인 다우케미칼이 만든 무기로서 폭탄 안에 가솔린처럼 강한 휘발성 화학액체가 들어있어서 화약과 함께 터지면 사람들 피부가 기름에 튀긴 감자처럼 되는 무기입니다. 이 무기는 베트남 전쟁 때도 사용되어 다우케미칼은 미국 국민들에게 거센 항의를 받기도 했습니다.

　　이스라엘은 세계 4대 무기 수출국입니다. 무인정찰기, 미사일 등을 미국, 터키, 인도, 영국 등에 수출하고 있습니다. 그중 5%는 내전을 겪고 있는 아시아, 아프리카 국가에도 수출되어 국제사회에 지탄을 받고 있습니다. 2001년도에는 인권이 유린되고 있는 짐바브웨이 독재자에게 판매하여 수많은 인명피해가 있었습니다.

　　이스라엘은 이렇게 월등한 군사력을 바탕으로 팔레스타인들을 학살하고 있습니다. 자신들의 땅이 없어서 떠돌며 살다가 파키스탄 영토의 일부를 영국과 정치적 협상에 의해 얻게 되면서 파키스탄과 지금까지 영토 분쟁을 하고 있습니다. 이스라엘은 자신들의 영토는 원래 2천 년 전 파키스탄인들에게 돈을 주고 산 것이라며 성경을 기록이 증거라고 합니다. 그러나 반대로 생각해보면 원래 파키스탄인들의 땅이었단 말이기도 합니다.

　　〈정의란 무엇인가〉로 유명한 하버드대학교 마이클 샌델 교수의 스승인 존 롤스 교수는 〈정의론〉에서 '정의란 약자를 보호하는 것'이라고 했습니다. 이스라엘은 지금 결코 정의로운 국가가 아닙니다. 지금은 악마와 같은 짓을 하고 있는 겁니다. 미국 정부도 이스라엘의 만행을 옹호하고 있습니다. 아니 미국 정부를 움직이는 일부 유대인 권력자들이라고 해야 옳을까요? 하여튼 둘 다 악마 같다는 생각을 해봅니다.

기업은 많지만 기업가는 적다

　　미국의 7대 기업이었던 엔론사는 하버드, MIT 등 최고 명문 대학 MBA 출신들의 인재로 가득한 굴지의 글로벌 기업이었습니다만 수년간 정치적 밀월, 분식회계로 인해 파산하였습니다. 요즘에 와서 확신이 드는 것은 흥망성쇠의 모든 원인은 리더에게 달려있다는 것입니다.

　　피터 드러커는 영원히 사는 불로초(不老草)가 있다고 했습니다. 그것은 법인(法人)을 만드는 것이라고 했습니다. 생물학적 육체는 죽더라도 위대한 조직, 기업을 만들어 영원히 살 수 있다는 것입니다.

　　마이크로소프트사의 빌게이츠는 세 자녀에게 1천만 달러씩 주고 나머지는 모두 기부하겠다고 했습니다. 워렌 버핏도, 유한양행의 창업자 유한일 선생님도 자신이 번 돈 대부분을 자식에게 주기보다는 사회에 기부했습니다. 그래야 자식들이 행복한 삶을 살 수 있고 자신들이 만든 기업이 지속할 수 있다고 믿었기 때문입니다. 일본의 대표적 경영인 마쓰시다 고노스케와 어깨를 겨누는 혼다 소이치로도 자식에게 경영권을 물려주지 않았을 뿐만 아니라 단 한 명의 가족도 임원으로 기용하지 않았습니다.

경주 최부자집은 300년, 12대에 걸쳐 만석지기였습니다. 스웨덴에는 발렌베리 가문이 있습니다. 스웨덴 GDP의 30%를 책임지는 굴지의 기업 가문입니다. 에릭슨, 아스트라제네카, 사브, ABB가 이 가문이 키워낸 기업들입니다. 발렌베리 가문이 160여 년 동안 부자로서 존경받으며 성장하고 있습니다. 인도의 타타그룹도 마찬가지입니다. 정보통신, 자동차, 에너지 등 7개의 사업부문에 96개의 회사를 거느리고 전 세계에 35만 명의 직원이 있는 글로벌 기업으로 성장했습니다. 못사는 대부분의 서민들을 위해 나노라는 백만 원대 자동차를 기필코 만들어 낸 원동력이 무엇이었을까요?

위대한 리더들은 개인, 기업의 완벽한 삶이란 상생이란 것을 알았던 것입니다.

대한민국에서 서민으로 산다는 것

　　신세돈 숙명여대 경제학과 교수님을 또 다시 만나 강의를 들을 기회가 있었습니다. 한국은행에서부터 환율과 경제성장 간의 연관성을 연구하신 전문가시죠.
　　그분의 강의 시작은 경제성장률의 착시현상에서 시작합니다. 우리나라 경제성장률은 매출이 아닌 생산량의 평균이고 재고량과 외국인 투자금까지 포함합니다. 외국인 투자자들은 국내 우량기업에 50% 이상의 지분을 보유하고 있으며 매년 막대한 투자 이익을 내고 있습니다. 문제는 이들 외국인들이 돈을 벌어 우리나라에서 소비하는 것이 아니라 자신들의 나라에 가져간다는 것입니다. 그래서 정부가 발표하는 경제성장률이 높아 보이지만 실제로 기업들의 공장 안에 재고는 늘어나고 있고 내수는 계속 침체의 늪에서 허덕거릴 수 있다는 것입니다. 이런 착시현상 때문에 서민들이 느끼는 경기 체감은 정부의 발표와 이격이 크다는 것입니다.
　　우리나라에 금융위기가 발생한 시기는 세계화를 통한 국가의 체질을 강화하기 위해 실시한 금융자본을 개방한 김영삼 정부 이후

였습니다. 흔히 말하는 투기성 해외 자금인 핫머니가 자유롭게 들락거리면서 화근이 된 것입니다. 투기성 자금들은 보통 그 나라의 환율과 주식 시장에 개입하며 해당 나라의 자본 시장을 초토화시키기도 합니다. 우리나라에도 1997년과 11년 후인 2008년에 현실로 일어났었습니다.

신 교수님은 우리가 알고 있는 이 두 번의 금융위기 이전에도 우리나라에 국민들이 기억하지 못하는 몇 번의 위기가 더 있었다고 합니다. 이 위기들의 공통점은 정부가 물가 안정을 위해 환율을 낮추는 정책을 채택하면 여지없이 1~2년 후에 경제위기가 왔다는 것입니다. 그리고 이런 금융 위기는 앞으로도 반복될 것이라고 말합니다.

환율은 양국 간의 통화가치의 차이를 보정해주는 숫자입니다. 산업경제에서 수출입의 비율이 높은 우리나라의 경우는 환율이 국가의 흥망을 좌우하는 큰 요소입니다. 환율이 높으면 상대국에 비해 수출 경쟁력이 높아지지만 수입 물가는 상승하는 상충적인 요소가 있습니다.

문제는 그동안 우리나라가 고환율 정책을 통해 간접적으로 수출을 지원하여 왔다는 것입니다. 그 결과로 대기업들은 기록적인 성장을 했습니다. 다만, 고환율 정책의 그림자로 매년 5~6%의 물가상승을 국민들은 감수해야 했습니다. 대한민국의 압축 성장 이면에는 국민들의 희생이 있었다는 것입니다. 그래서 우리나라 대기업들은 국민들에게 더 잘해야 합니다.

금융위기의 반복을 막기 위해서는 거대한 투기성 자본들이 활개를 치지 못하도록 규제를 가해야 합니다. 장하준 교수 등은 토빈세를 주장하기도 했습니다. 그리고 외국 금융세력들이 국내 정치인 등 게임의 룰을 좌지우지하는 권력들에게 로비하지 못하도록 국민들도 눈을 크게 뜨고 감시해야 합니다.

방황의 그늘

큰 나무를 베어낸 이후

　　요즈음 들어 점차 더 흉흉한 일들이 사회 곳곳에서 일어나고 있습니다. 왜 이렇게 되었을까요.

　　시골에 갔다가 큰 나무와 그늘에 계신 어른들을 보았습니다. 그 옛날 마을마다 있던 큰 나무 밑에는 어른들과 아이들이 함께 모이는 장소였습니다. 아이들은 자연스럽게 마을 어른들에게 삶에 가장 중요한 교육을 받는 장소였습니다.

　　지금은 마을마다 있던 큰 나무를 베어내고 독 냄새 펄펄나는 시멘트로 성냥갑 같은 아파트를 지어댄 후 단절된 격벽의 시대를 살고 있습니다. 이렇듯 우리가 새롭게 신봉하는 디지털 산업화의 이면에서 인간성은 메마르고 있습니다.

　　달라이 라마는 현대인들이 인간성을 되찾기 위해 노력하라고 합니다.

　　"우리는 돈을 벌기 위해 건강을 희생한다. 그런 후, 건강을 회복하기 위해 돈을 희생한다. 우리는 미래에 대해 너무 걱정을 해서 현재를 즐기지 못한다. 결국, 우리는 현재에 살지도 못하고 미래에 살지도 못한다. 우리는 마치 삶이 영원한 것처럼 생각하며 살다가 제대로 살아보지도 못하고 생을 마친다"

아날로그 세계와 다른 디지털 세계엔 0과 1이라는 두 가지 숫자만 있습니다. 이분법적 세계입니다. 승자와 패자. 부자와 서민. 갑과 을.

일등주의만 강요하는 지금, 수천 년 이어온 우리의 인, 예, 의, 신, 서 정신이 말라가면서 사람과 사람을 이어주던, 끈끈한 관계를 만들던 온정 있는 세상이 황폐화되고 있습니다. 이렇게 우리는 서로가 서로를 아프게 해야 성공하는 세상을 만들고 있습니다.

학교, 마을 곳곳에 큰 나무들을 키웠으면 합니다. 지금의 골방 같은 경로당은 그만 짓고 학교, 마을 곳곳에 할아버지와 할머니들이 참여하는 일들을 만들었으면 합니다. 주민센터가 먼저 마을마다 덕망 있으신 어르신들을 적극적으로 자문위원 등으로 모셔야 합니다. 필요하다면 군대에서도 역할이 있겠죠. 아파트 일일 노역, 경비원으로 전락하는 어르신들을 막아야 합니다. 어르신들이 공경을 받아야 사회가 바로 섭니다.

미운 사람이 더 미울 때

주변에 보면 아주 나쁜 사람이라기보다는 괜히 미운 사람이 있잖아요. 남은 배려 안 하면서 자기 실속만 챙기는 사람들 말입니다. 이런 사람들에게 마음속 이야기를 하기가 싫죠. 주는 것 없이 괜히 싫기도 하고요.

사람의 마음이 참 그렇습니다. 달마대사의 말이 생각납니다.

"마음이여, 알 수 없구나. 너그러울 때는 온 세상을 다 받아들이다가도 한번 옹졸해지면 바늘 하나 꽂을 자리가 없으니"

미운 사람이 왜 미운지를 곰곰이 생각해 보면 별 것 아닌 경우가 참 많습니다. 나에게 해를 끼친 경우가 아닌데도 주변의 소문이나 추측을 통해 고정관념이 생기고 방어하게 됩니다. 그러다 조금이라도 상처를 입게 되면 완고하게 옹졸해지기 마련입니다.

사실 이런 상황이 전적으로 옹졸해진 나의 책임이라고 보긴 힘듭니다. 그런 소문과 오해를 불러일으킨 사람도 많은 부분 반성할 점이 많을 겁니다. 문제는 그 사람은 자신의 문제를 잘 모르는 경우가 많다는 것입니다. 그래서 바늘 하나 꽂을 자리도 허락하기 싫은 거죠. 상대하기가 싫어지는 겁니다.

그런 관계 속에서 가장 미울 때가 언제인 줄 아세요? 그 사람이 옳은 말을 할 때입니다.

심각한 문제가 발생하는 것이 바로 이 순간입니다. 옹호를 해서 저 사람 도와주기는 싫고, 반대를 하자니 옹졸함의 극치로 가는 거죠. 그래서 대부분 가만히 듣고 무반응으로 나갑니다.

비단 이런 현상이 개인 간의 갈등에서만 나타나는 것은 아닙니다. 조직간, 정치권, 국가 간의 관계에서도 나타납니다. 무조건적인 반대, 무조건적인 지원과 동의는 개인의 삶뿐만 아니라 조직 간의 이합집산에서도 흔히 일어나는 일입니다.

시진핑 중국 국가주석이 한국을 단독으로 방문하며 한중 간 관계가 가까워지고 있습니다. 계속 고립을 자초하던 북한이 철천지원수라고 말하던 일본과 관계를 개선하는 것도 같은 상황입니다. 이런 모습을 보는 세계인들, 해당 국가의 민중들은 헷갈리는 가치관을 갖게 되고 개인의 행동에도 합리화시키는 명분을 갖게 됩니다.

'나만 그런 게 아니잖아!'

이렇게 사회는 혼란스럽고 대의명분과 정의로움은 점점 자취를 감추고 있습니다. "신뢰할 수 있는 관계란 무엇인가?"라는 질문에 똑 부러지게 대답하기도 힘들어집니다. 옹졸함이 정당화되고 정의로운 행동이 어리석은 옹졸함이라고 치부되는 세상에서 방황을 경험하는 것은 당연합니다.

현명하게 산다는 것이 무엇인지 모르겠습니다. 기회주의자로 살면서 적당히 무리 속에 호의호식하는 것은 아닐진대 세상은 무 자르듯이 자르며 결정하라고 말합니다. 이러다보니 제 자신 스스로가 생각과 행동이 불일치하는 부정합 속에서 자학하기도 합니다. 미운 사람이 바른 소리를 할 때 더욱 미운 것은 제 자신의 부정합을 보았기 때문이 아닌지 싶습니다.

'저 사람이 미워 죽겠는데 올바른 말을 하네?!

그렇다면 나도 저 사람과 같은 처지가 아닐런지…' 하는 생각에 불안한 건 아닌지 싶습니다. 저 사람이 이래저래 싫지만 나도 마찬가지 부류의 사람일지도 모른다는 불쾌감과 불안감이 있는 겁니다. 심리학자들은 이러한 거울효과를 인간의 보편적 심리라고 말합니다.

결국, 삶이란 것이 이런 불안감 속에 행동을 조심하고 채웠다가 비워가는 과정이 아닌가 싶습니다. 욕심쟁이를 마냥 비난하는 것도 마음을 불편하게 합니다. 그냥 그런가보다 하며 내 인생에 불편한 것들을 비울 때 그런 사람들과의 관계도 함께 비우는 것이 순리가 아닌가 싶습니다.

배신한 사람이 없다

　　우리가 가장 혐오하는 단어 중에 하나가 '배신'입니다. 이 세상에 배신을 당하고도 기분 좋을 사람은 아무도 없을 겁니다. 카이스트 바이오뇌공학과 정재승 교수가 소개하는 유명한 연구 결과가 있습니다. 공범 A와 B가 경찰서에서 조사를 받는데 다른 방에서 동시에 조사를 받습니다. 경찰은 회유를 하며 공범들에게 제안을 합니다. A와 B 둘 다 침묵하면 1년 형씩 선고받고 둘 다 죄를 자백하면 5년 형을 선고받게 됩니다. 단, 둘 중 한 명만 자백하면 자백한 사람은 석방되고 침묵을 지킨 사람은 10년형을 받게 됩니다. 당신이 공범이라면 어떤 판단을 내리겠습니까? 이 실험에서 대부분의 공범들은 자신만 손해를 볼까 봐 자백을 선택합니다. 배신을 두려워하는 것입니다. 그리고 재미있는 연구결과가 하나 더 있습니다. 배신한 사람들에게 직접 왜 배신을 했는지 물어본 결과 98%의 사람들이 자신은 배신을 한 것이 아니란 대답이었습니다.

　　한겨레 출판사의 〈배신〉이라는 책의 내용 중에 삼성전자의 비리를 세상에 알린 김용철 변호사의 이야기가 있습니다. 자신은 가난했던 검사 시절 철저한 직업의식으로 무장했었으며 전두환 씨의 1조 원 규모의 비자금을 찾아내는 등 집보다 회사에서 밤을 새운 적이 많을 정도로 열심히 일했다고 합니다. 그러나 부장 승진을 바로 앞두고 자신이 없어서 검사직을 그만두었다고 합니다. 그 당시 검찰의 분위기는 부장으로 진급하면 기업 스폰서를 두어야 했습니다. 그런 문화 속에서는 자신이 그동안 지켰던 삶의 철학이 무너진다는 것이었습니다. 그리고 두 번째 이유는 생활고였다고 합니다.

삼성그룹의 공개채용에 응모하여 두 번째 인생을 시작했습니다. 구조조정팀장을 맡으면서 IMF때 수많은 사람들을 정리하는 등 삼성을 위해서 열심히 일했지만 그의 철학과 맞지 않는 회장 중심의 황제경영 시스템에 적응할 수 없었다고 합니다. 부사장 진급 제안을 받았지만 불법행위를 할 수밖에 없는 직위라 거절할 수밖에 없었다고 했습니다.

진급을 거절하자 대기발령을 받았고 직장을 그만두었습니다. 3년을 쉬고 먹고살기 위해 변호사 개업을 하려 하자 삼성그룹이 방해를 했다고 합니다. 그래서 천주교 사제단에 도움을 청한 것이 일부에서 말하는 삼성에 대한 배신의 시작입니다. 배신이란 개인의 이익을 위해 조직에 피해를 주는 것인데 자신은 얻은 이익이 없기에 배신이 아니라고 합니다. 오히려 그는 삼성의 미래를 걱정해서였다고 말했습니다. 국가 권력을 좌지우지하고 헌법을 무력화하는 그룹 회장의 부도덕성을 국민에게 알리고자 했다는 것입니다.

우리나라 법조계와 정치, 경제계에 대해 말하는 영화 〈홀리데

이〉를 보면, 영화의 주인공이 탈옥하여 인질극을 벌이며 무전유죄 유전무죄를 외쳤습니다. 전두환 전 대통령의 동생 전경환 씨가 새마을 운동본부장으로 있던 시절 공금 70여억 원을 횡령하고 10억을 탈세했는데 2년 만에 석방시킨 사건이 있었습니다. 자신은 잡범이었음에도 돈이 없어서 징역 7년에 보호감호 10년을 선고받았다며 억울함을 호소했던 것입니다.

배신을 예방하는 방법은 정직밖에 없습니다. 오해는 풀리는 게 오해고 풀리지 않으면 거짓이기 때문입니다. 국민들이 정직해야 선진국입니다. 국민들을 대표하는 정치인들, 나라의 경제를 대표하는 기업인들, 국민들의 아픔을 치유하는 종교인들의 거짓된 행동들을 보다 보면 우리나라는 아직 갈 길이 멀다는 생각을 해 봅니다.

왜 낯선 사람에게 더 관대할까

　　우리가 겪는 갈등의 전부는 아는 사람과 생긴다는 모순을 경험하게 됩니다. 앞서 말씀드린 배신의 경우도 아주 친한 관계에서 발생한다는 잔인한 공통점이 있습니다. 결국 갈등이란 것은 관계가 가까워지면 필연적으로 발생하는 생성물입니다. 이 갈등을 이해하고 받아들여야 사랑의 관계로 들어서는 것입니다.

　　리처드 코치는 〈낯선 사람 효과〉에서 가볍고 친밀한 관계가 반드시 우리 삶을 이롭게 하는 것은 아니며 그냥 알고 지내거나 별로 가깝지 않은 낯선 사람들과의 관계처럼, 실은 일상적으로 중요하게 여기지 않던 인맥이야말로 우리의 삶을 흥미진지하고 풍요롭게 만들어 줄 기회와 정보, 혁신의 가능성을 훨씬 더 많이 제공한다고 말합니다. 리처드 코치의 말에 긍정하면서도 건조해지는 우리 사회의 단면을 적나라하게 보는 것 같아서 마음이 편하지 않습니다.

　　〈나는 다만, 조금 느릴 뿐이다〉의 저자 강세형 님도 비슷한 고백을 했습니다. 좋은 사람들과의 만남이 깊어질수록 더 존중하는 마음이 생겨야 하는데 이상하게 만만해 보인다고 고백했습니다. 교만해지는 사람의 심리란 것이 참 이상하다는 것입니다.

왜 사람은 교만해질까요? 사람의 심리에는 나르시시즘과 함께 사회적 동물인 인간의 본능적 심리 기저에 서열경쟁이란 것이 존재한다는 것을 알면 이 문제를 이해하실 수 있습니다.

60년 전 노르웨이에 동물학 연구자가 닭 100마리를 한 울타리에 넣고 관찰을 했더니 3일간 피터지게 싸움을 하더랍니다. 그리고 4일째부터 조용하더래요. 무리 내에서 서열 경쟁을 한 것입니다. 닭대가리라는 말이 바보 같은 행동을 하는 사람이란 욕이잖아요? 이 당시 닭을 대상으로 한 연구결과에 많은 사람들이 별로 의미를 두지 않았습니다만 최근에 얻은 결론은 집단생활을 하는 모든 동물은 서열경쟁을 한다는 것입니다.

따라서 사람들은 무리 밖의 낯선 사람들에게 더 관대하고 협조적일 수 있습니다. 아주 당연한 현상을 우린 애써 무시하면서 아파했던 것입니다. 사실 가정, 학교, 정치권, 직장 등 사회 곳곳에서 일어나는 모든 갈등들의 본질을 들여다보면 서열경쟁 속에서 벌어지는 자존감 싸움이라고 보면 상황을 이해하는 데 도움이 될 겁니다.

독설(毒舌)

오늘 대한민국과 벨기에의 월드컵 경기가 새벽에 있었습니다. 보는 내내 우리 선수들이 체력에서 근본적인 한계가 있다는 것을 많이 느꼈습니다. 미국, 유럽을 여행하다 보면 육류를 주식으로 하기 때문에 덩치가 큰 사람들이 많습니다.

물리적 차이가 크기에 몸싸움 등이 격한 축구에서 아시아 선수들이 좋은 성적을 내기란 쉽지 않습니다. 대한민국이 강한 스포츠 종목은 골프, 양궁 등 힘의 대결보다는 정신력이 중요한 종목에서 매우 강한 것이 그 예입니다. 모든 운동 종목을 다 잘하는 인종은 없습니다.

결국 한 명이 퇴장 당한 벨기에를 상대로 한 경기였음에도 대한민국이 1:0으로 졌습니다. 초반부터 의욕적으로 몰아 붙였지만 실력의 한계를 드러내고 말았습니다. 아쉬운 90분의 경기가 끝나고 홍명보 감독은 오늘 경기의 패배의 원인이 자신에게 있으며 선수들에겐 좋은 경험이 되었을 거라고 말했습니다.

이에 이영표 해설위원은 월드컵은 경험을 하기 위해 출전하는 것이 아니라 보여주기 위해 출전하는 거라며 멋진 독설(毒說)을 날렸습니다. 여기서 멋진 독설이란 말을 사용한 이유는 이영표 해설위원이 홍 감독에게 억하심정이 많아서 그런 말을 했을 거라곤 생각하진 않기 때문입니다.

독설은 보통 준비된 습관입니다. 독설은 보통 남들과 다른 멋진 말을 하기 위해 강렬한 표현을 자주 사용하는 경우에 습관이 됩니다. 너무 남용하면 냉소적인 성격의 소유자로 인정받게 됩니다.

제가 좋아하는 미소천사 이영표 씨의 독설에 미안하지만 동의할 수 없습니다. 스포츠가 전 세계인들을 열광시키는 이유는 영원한 패자, 영원한 승자가 없기 때문입니다. 지난해 우승팀인 스페인도 몰락했습니다.

이번에 처음 출전한 젊은 우리 선수들에게 전 세계에서 가장 유명한 선수들과 나름 대등하게 치러낸 경기 경험은 큰 자산이 될 겁니다.

우리 선수들과 홍 감독을 비롯한 스태프들 수고 많으셨습니다. 이영표 해설위원님도 앞으로 더욱더 멋진 해설 부탁드립니다.

민주국가는 분노를 참지 않는다

　　요즘 뉴스에서 영화배우 김부선 씨가 맹활약하고 있습니다. 김부선 씨는 자신이 살고 있는 아파트의 난방비로 약 80만 원이라는 큰 비용이 부과되어 다른 입주자들에게도 수소문한 결과 일부 사람들이 10여 년 전 부터 난방 계량기의 배터리를 끼웠다 뺐다 하는 수법으로 조작한 것을 알게 되었다고 합니다. 관리사무소에 계속 문제를 제기했으나 지금까지도 반복되고 있어 결국 반상회에서 몸싸움으로까지 불거지게 된 것이었습니다. 이에 대하여 서울시는 536 가구의 겨울철 27개월 치 난방비 부과내역을 분석했고 실제로 겨울 난방량이 0으로 측정된 사례가 300건이나 적발되어 경찰에 수사를 의뢰한 상태라고 합니다.

　　이웃과 가족보다 더 친하게 지내는 요즘 시대에 바로 옆 이웃들에게 뻔히 피해가 갈 것을 알면서도 이런 불법적인 행태가 10여 년이 지나도록 버젓이 일어나고 있다는 것에 경악을 금치 못합니다. 제가 이해가 가지 않는 또 다른 부분은 관리사무소입니다. 저의 집의 경우도 계량기 배터리가 고장 나서 관리비가 적게 나온 적이 있었는데 관리사무소에서 바로 연락이 온 적이 있습니다.

　김부선 씨의 문제가 이슈화되면서 80년대 매우 유명했던 가수 A씨가 나대지 말라며 비난하는 글을 올려 문제가 되었습니다. 이에 대해 영화평론가 허지웅 씨는 "부조리를 바로 잡겠다는 자에게 정확하게 하라도 아니고 그냥 나대지 말라는 훈수를 두는 사람들은 바로 그 드센 사람들이 꼴사납게 자기 편 깎아가며 지켜준 권리를 당연하게 받아 챙기면서, 정작 그들을 꾸짖어 자신의 선비 됨을 강조하기 마련이다"라는 글을 트윗하였습니다. 법은 침묵하는 권리는 보호하지 않습니다. 민주주의는 국민들의 참여 없이는 발전할 수 없습니다. 사회의 부조리가 곳곳에 만연해 있는 지금, 많은 국민들이 정의로운 국가를 요구하며 아우성치고 있습니다. 대한민국이 민주국가로 진화하는 성장통을 앓고 있다는 증거입니다. 대한민국 파이팅!

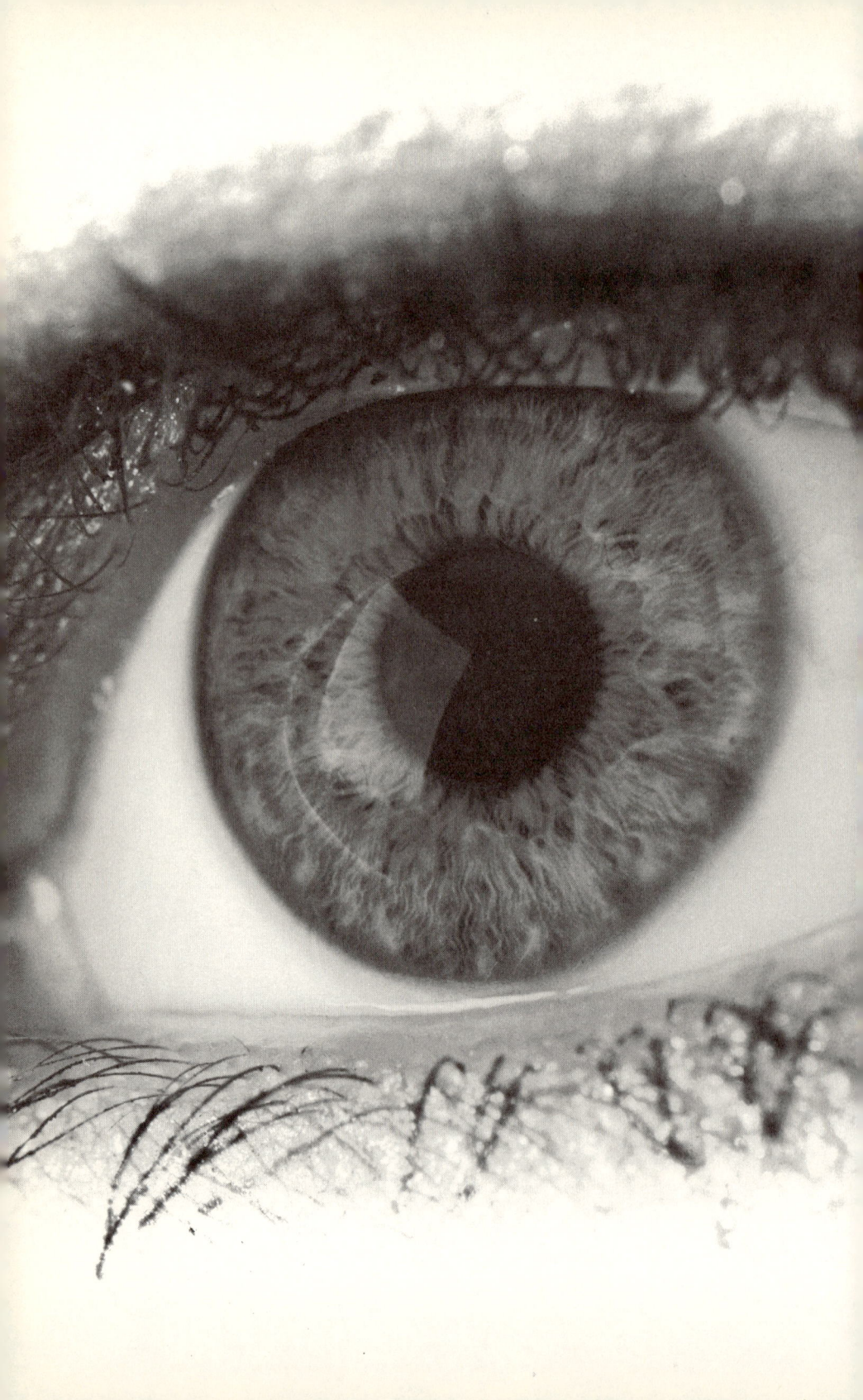

뱀의 뇌에게 말을 걸지 마라

답답한 대화가 결국엔 싸움으로 번지는 경우가 많습니다. 요즘 고객 서비스의 가치가 중요해지면서 고객과 대화의 실패는 회사의 존폐에 영향을 미치기도 합니다. 가정에서도 대화의 중요성은 마찬가지죠. 정신과 의사인 마크 고울스톤의 〈뱀의 뇌에게 말을 걸지 마라〉는 이 분야에서 교과서처럼 활용되는 책이라네요.

마크 고울스톤이 말하기를 인간은 세 개의 뇌를 갖고 있다고 말합니다. 충동적인 원시적인 파충류인 뱀의 뇌, 감정적인 포유류의 뇌와 이성적인 영장류 뇌로 이뤄졌다네요. 우리가 울컥하여 반응하는 뇌는 뱀의 뇌입니다. 이 충동적 뇌를 잠재우고 이성적 뇌를 깨우는 방법을 알려줍니다.

그 방법은 입장을 바꿔 생각해 보도록 하고 상대방의 불평을 다시 한 번 더 말하면서 상대방을 이해하려 노력한단 것을 알려주는 거라네요. 그리고 최대한 상대방을 이해하려 노력하면서 자존감을 지켜주는 겁니다. 그리고 스스로 문제를 풀도록 도와주는 겁니다.

이를 위한 방법은 '질문'입니다. 직원이나 자식이 어떤 제안이

나 요청에 게으름과 부정적인 반응을 보인다면 "이해해요. 그럼 어떻게 하면 그게 가능할까요?"라는 질문이죠. 본인이 답을 내놓을 수밖에 없습니다.

　서로 싸우는 직원이나 아이들에겐 "어떤 점이 A에게 서운하지? A는 왜 그랬을까? 네가 A라면 기분이 어떨 것 같아?"는 서로의 마음을 이해하도록 하는 겁니다. 여기서 가장 중요한 것은 역지사지를 경험하는 겁니다.

　질문을 하고 생각할 시간을 충분히 주는 것도 중요합니다. 문제를 풀 수 있는 존재는 결국 자신이거든요. '자신 스스로 풀어야' 문제는 풀리는 겁니다.

　관심을 받기를 원한다면 상대방에게 먼저 관심을 보여야 합니다. 그러면 상대방도 관심을 보입니다. 이게 순리입니다. 상대방의 장점을 찾고 질문을 통해 알려 할수록 관계는 깊어집니다. 자신의 자랑질만 하면 무시당하는 게 순리입니다. 고함을 지르는 사람들의 공통점이 관심 받고 싶다는 거라는군요.

　마지막으로 당신의 인생을 망칠 것 같은 사람과는 관계를 끊으라고 합니다. 사이코패스, 투덜이, 범죄자, 철저한 이기주의자들 말이죠.

날개가 있기에 추락한다

뉴스를 보다 보면 한때 잘나가던 사람들이 구설수에 휘말리거나 사업에 실패하는 등 말년이 안 좋은 경우가 허다합니다. 세월호의 유병언 회장도 그렇고요. 어느 소설의 제목이 떠오릅니다. 추락하는 것은 날개가 있다.

하늘을 날 수 있었던 건 날개가 있었기 때문입니다. 그러나 역설적이게도 그 날개 때문에 추락하는 이유가 됩니다. 처음부터 날 수가 없었다면 추락도 없었겠지요.

사람만이 아닙니다. 한때 스타의 발에서 반짝 반짝 광이 나던 신발도 시간이 지나면 쓰레기 통으로 들어가거나 길거리 외진 곳에 나뒹굴 겁니다.

지금 갖고 있는 권력, 지식, 부유함 등이 계속 될거라 생각하는 사람이 세상에서 가장 불행한 사람입니다. 불교의 공(空) 사상을 통해 비움의 삶을 살아가는 성인들은 추락하는 일이 없습니다.

추락하지 않기 위해 날지도 뛰지도 말아야 할까요? 욕망이란 것이 자본주의에 사는 현대인들의 삶을 발전시키는 원동력이었다는 것도 부정할 수 없습니다.

　'박수칠 때 떠나라'는 말이 있습니다. 높이 날며 잘나갈 때 자신의 분수를 알고 적당한 곳에 안전하게 착륙하라는 말이 아닌가 싶습니다.

　인생이란 것이 참 묘합니다. 들어서 알고 있으면서도 행동으로는 잘 옮겨지지 않잖아요. 나는 다른 사람들과 다르다는 착각을 하며 사는 것이 보통의 인생이잖아요.

　그럼에도 다짐해 봅니다. 항상 낮은 곳을 바라보고, 초심을 잃지 않는 삶을 살아보리라 말이죠.

과잉보호 아이들이 위험하다

　　아이들 양육 문제로 아내와 의견 충돌이 생길 때가 있습니다. 남성은 아이들을 잡초처럼 키워 자생력을 갖게 하길 원하고 여성은 뱃속에서 아이를 키우듯 조그만 가시가 박히는 것도 침을 발라 빼주는 정성으로 대합니다.
　　아이들이 커서 성년이 되어가는 데도 유약한 모습의 아기 같은 모습을 보면서 아내와 갈등이 생기곤 합니다. 감기가 걸려 조금이라도 열이 나면 해열제를 먹이는 모습에 아이들 면역이 걱정됩니다.
　　살아가다 보면 숱한 아픔과 역경을 혼자 감내해야 하는 순간과 마주치게 됩니다. 변하지 않는 것은 그 모든 것을 혼자서 이겨내야 하는 것이 인생이란 것입니다. 이것을 부정하고 외면하면 부부간에 서로를 탓하며 성격차이라는 이유로 이혼하게 됩니다. 남을 탓하고 의존하는 삶은 외롭기 마련입니다.
　　'모든 게 내 탓이요.'라는 자세를 갖고 사는 것이 맞는 말이라기보다는 평정심을 회복하기 위한 최선의 방법이기에 권하는 것입니다. 아이들이 스스로 문제를 해결하도록 아픔도 이겨내도록 도와주고 격려하는 것이 교육입니다. 아플 때도 바로 손을 내밀어 일으키기 보다 스스로 일어나도록 시간을 주는 것이 약이 되는 교육입니다.

그리고 가장 큰 교육은 자랑스럽고 존경받는 뒷모습을 보여주는 것입니다. 요즘 윤 일병의 구타 사망 사건으로 세상이 떠들썩합니다. 악마같은 범행을 저지른 이 병장을 사형시켜야 된다는 여론이 들끓고 있습니다. 이 문제의 본질은 이병장의 가정환경입니다. 이 병장은 자신의 아버지가 조직폭력배라며 자신에게 대들면 윤 일병 가족까지 피해를 주겠다고 했습니다. 문제의 궁극적 본질은 가정에 있었습니다. 국방장관과 사단장에게만 무거운 책임을 지울 일이 아닙니다.

"내가 태어났을 때 이미 내전은 벌어지고 있었습니다"

50년 가까이 지속된 콜롬비아 내전을 겪었던 세계적 무용가 알바로 레스트레포의 말입니다. 30만 명이 무참히 죽어갔던 지옥을 유년기부터 겪었던 그는 1997년 자신의 고향으로 돌아와 춤을 가르치는 학교를 세웠습니다. 꿈이 있는 청소년들이 많아야 조국의 앞날에 희망이 있기 때문이었습니다.

'태어나기 전부터 일어난 일이라 나완 상관없다.'는 냉소적 사고는 미래를 바꿀 수 없습니다. '과거는 그랬지만 더 이상 이런 비참한 현실을 반복하고 싶지 않다.'는 결연한 의지가 있는 청춘들이 많아야 미래를 바꿀 수 있습니다.

요즘 청소년들과 대화하다 보면 지극히 냉소적이고 자기중심적인 사고를 갖고 있는 경우를 많이 봅니다. 대부분의 경우 교사보다는 부모의 문제인 경우가 다반사입니다. 어른들이 방황하는 사회에서 미래는 암울할 수밖에 없습니다. 우리는 이러다 지옥을 땅 위로 끌어내릴지도 모릅니다.

뼈 속까지 을(乙)

대학을 졸업하고 사회생활을 시작하면 제3의 인생이 시작됩니다. 제2의 화려한 대학생활이 막을 내리고 전쟁터로 나서는 막막함과 함께 부푼 기대감이 공존하는 기분이 팽팽해집니다.

저는 대학원을 마치고 병역특례로 민간 기업부설연구소에서 사회생활을 시작했습니다. 자동차 및 기능성 섬유소재를 개발하다보니 자동차 회사의 연구실 사람들과 만나서 좋은 관계를 지속해야 하는 것이 매우 중요했습니다. 산업의 특성상 자동차 산업은 일이 반복적이면서도 매우 거칠고 스피디합니다. 신차를 소비자들보다 먼저 볼 수 있다는 장점이 있지만 슈퍼 갑(甲)에게 종속되어 끌려가는 업무를 하다 보면 어깨가 축 늘어져 지쳐 살게 되는 것이 이 산업분야 종사자들의 특징이기도 합니다.

이런 생활이 싫어서 6년 만에 다른 직장으로 옮긴 곳이 중소, 벤처기업들을 지원해주는 공공기관이었습니다. 국가와 지역을 위해 보람된 일을 할 수 있기에 많은 사람들이 부러워하는 곳입니다. 정부출연기관에 근무하면서 느낀 점은 이곳이 사기업과 다를 것이 거의 없다는 겁니다. 오히려 뼈 속까지 '을(乙)'의 태도가 되어야 하는 것이 요구됩니다.

중소, 벤처기업인들에겐 당연히 투명하고, 친절하고, 빠른 서비스를 해야 합니다. 그러나 아울러 더 중요한 고객이 있습니다. 그건 저희 산하기관들에게 예산을 배정해주는 공무원들입니다. 일부 사람들은 공무원들을 권위적이고 무사안일하며 부정직하기까지 한 모습으로 추측하시는데 실제로 업무를 하면 대부분 정반대입니다. 법과 규정을 지키는 것이 몸에 배어 대부분 합리적 사고를 갖고 있습니다. 이런 까다로운 고객과 관계를 맺으려면 이만 저만 노력해선 안 됩니다. 정직과 전문성을 바탕으로 꾸준히 스스로의 능력을 증명해내야 합니다.

물론 널널하게 사시는 분들이 있습니다. 그런 분들이 없는 조직이 세상 어디 있긴 한가요?

제가 사기업, 공공기관 두 부류의 상이한 환경에서 근무하면서 느낀 점은 직장은 다 힘들다는 것입니다. 다시 한 번 말씀드리지만 직장인이라면 뼈 속까지 '을(乙)'이라는 것을 인식하며 살아야 합니다. 이런 말씀을 들으신 사장님들은 껄껄껄 웃으시며 그래도 직장생활이 최고라고 말합니다.

경기는 계속 불황인데 월급날은 얼마나 빨리 오는지, 주인의식 없는 직원들에게 월급 주는 것이 얼마나 고통스러운지 아느냐며 말이죠.

서로 같은 입장이 되어보지 못하면 부족함만 보이는 것이 세상사 이치입니다.

왜 조직이 무너졌는가

조직의 문화가 예전 같지 않다고 많은 분들이 말들을 하십니다.

흔히 "위아래가 없어", "정이 없어", "누가 누군지 모르겠어", "옛날이 그립다"

왜 이렇게 되었다고 생각하시나요?

글로벌 기업 문화가 한국에 도입되면서 발생한 혁신(革新, Innovation)의 그늘이라고 믿으시나요? 혁신의 그늘... 맞을 수 있을 겁니다. 그러나 이렇게 말하면 언어의 유희란 생각을 하게 됩니다. 혁신은 한자로는 가죽을 새롭게 한다는 뜻으로 모습을 새롭게 바꾼다는 것입니다. 글로벌 기업들이 갖고 있는 문화 등을 고려하지 않고 무분별하게 받아들이다 보면 우리는 모습은 바꿨지만 많은 것들을 잃을 수 있습니다.

그 단적인 예가 전문경영인 제도와 인사시스템입니다.

전문경영인 제도는 가족이 경영하는 회사의 한계를 준비된 전문적인 경영인을 영입하여 경영을 맡긴다는 취지였습니다. 그러나 대부분 문제가 발생한 기업들을 보면 단기간 내에 성과를 내어 자신의 거취와 연봉을 높이기 위해 무리수를 두다 보니 단기적인 경영 체제로 갈 수밖에 없다는 것입니다.

인센티브 제도와 관계가 있는 인사시스템은 직원들 간 협력이 아닌 경쟁의 문화로 만들고 있습니다. 단기간에 성과를 낼 수 있는 경력직 직원들만 선호하다 보니 이질적 문화를 배경으로 갖고 있는 다양한 사람들이 기존 문화와 충돌하다 보니 갈등과 왜면의 반복되어 냉소적인 조직 문화로 진화하게 됩니다.

공공기관도 마찬가지입니다. 정권이 바뀌면 기관들의 대표가 줄줄이 바뀌고 정권의 비호를 받는 사람이 들어와 기존의 것들을 혁신의 대상으로 바라봅니다. 그나마 덕장이 입성하면 그 조직은 축복받은 겁니다.

조직개편은 수단이 아닌 목적이 되어야 합니다. 비전이 달성되기 위해 전략이 수립되고 그 전략을 추진하기 위한 조직이 마련되어야 효과와 효율성이 발휘되는 것입니다. 그런데 어떤 리더들은 조직을 장악하기 위한 목적으로 개편을 추진합니다. 예를 들면, 새로 입성한 리더는 아직 업무파악이 안 된 상태에서 자신의 의견이 자주 막히는 답답한 경험을 하게 됩니다. 직원들은 속으로 '잘 알지도 못하면서…'라고 생각을 하면서 반론을 하기에 턱턱 막히는 경우를 경험하게 됩니다. 직원들의 고정관념이나 관성에 의해 이런 반응이 나오는 겁니다.

어쨌든 대부분의 리더들은 그 직원들의 표정만 봐도 속마음을 알 수 있습니다. 모르는 척 할 뿐입니다. 그래서 주저 없이 조직을 개편합니다. 단기간에 여러 번 할 수도 있습니다. 일명 뺑뺑이 돌리기를 당한 조직원들은 새로운 업무에 치이다가 새로 온 리더보다 업무를 더 모르게 되는 백지상태에 도달하게 됩니다. 이 방법은 리더가 조직 장악을 단기간에 할 수 있는 방법으로 애용되기도 합니다. 조직이 합리적으로 잘 운영되면 금상첨화이구요.

결국 인사가 만사입니다. 단기적인 인사관리는 결국 기쁨도 짧고 단명합니다. 젊은 사회 초년병들 인내를 갖고 잘 키워서 선후배 간 정이 돈독한 기업의 문화를 만들면 즐거운 직장, 천년 갈 수 있는 위대한 회사가 될 수 있습니다!

우리나라는 5천 년 위대한 역사를 가졌고 한 왕조가 보통 5백 년간 존속했던 세계 유일무이한 나라입니다. 우리의 역사에 조직 경영의 현답이 있습니다. 빨리 가려면 혼자 가고 멀리 가려면 함께 가라고 합니다.

상사 앞에서 쫄지 않는 방법

　　직장생활에서 가장 스트레스를 받는 이유 중 하나가 상사와의 갈등입니다. 상사가 직원들에 대한 평가권한을 갖고 있기 때문에 갈등이 생기면 피해를 볼 수밖에 없기 때문입니다. 따라서 상사의 의견과 다른 생각을 갖고 있어도 토를 달거나 반대의견을 말하는 게 불편합니다.
　　합리적이고 배려심이 깊은 상사를 만나는 것도 행운입니다. 행운이라는 것이 말 그대로 사람 마음대로 되지 않는다는 것입니다. 그러나 행운을 기다리기에 앞서 스스로 극복해 나갈 수 있는 방법이 있습니다.

　　첫째, 스스로의 기대치를 확 낮추는 것입니다.

　　승진, 높은 인사고과에 대한 기대치를 낮추면 마음이 편해집니다. 잠시 늦게 간다고 목적지에 못 가는 것이 아닙니다. 단, 늦게 가더라도 즐기면서 가려고 노력한다면 직장생활이 지금보다 더 활기찰 겁니다.

후배들이 가끔 애로사항을 말합니다. 직장생활이 지겹고 재미 없다고 말이죠. 직장은 서열경쟁으로 인해 스트레스가 생길 수밖에 없는 곳입니다. 그래서 저는 후배들에게 "원래 즐거움은 스스로 찾는 거야"라고 말합니다. 저도 직장생활을 하면서 동호회 활동을 열심히 하려고 노력합니다. 직장 내에서는 갈등이 생길 확률이 매우 높습니다. 그래서 직장 경계 내외에서 즐거움을 찾는 노력을 해야 합니다.

둘째, 인사고과는 정확할 수 없다는 것을 알아야 합니다.

인사고과는 정량적 평가가 불가능합니다. 저도 인사평가를 하는 입장에서 매번 느끼는 고민이 어떻게 해야 팀원들이 합리적 평가를 받았다고 믿어줄까 입니다.

보통 S, A, B, C, D 등급으로 나눠서 평가합니다.

S등급은 '탁월'으로서 능력, 판단력, 지식 및 창의성이 독보적이고, 새로운 업무에도 탁월한 대처능력을 보여준다는 것입니다. 항상 많은 업무량을 갖고 있으나 조기에 끝내고 추가적인 수정이 없으며, 단 한 번의 설명이 있으면 지도의 필요가 거의 없는 수준을 말합니다.

A등급은 '우수'로서 지속적으로 우수한 결과를 내며, 주어진 업무외의 책임도 맡습니다. 많은 업무량을 갖고 있으며 조기에 업무를 마무리하나 추가적인 수정이 적습니다. 따라서, 최소한의 지도만 필요한 사람을 말합니다.

B등급은 '양호'로서 지속적으로 좋은 결과를 내며, 주어진 업

무 외의 책임도 맡습니다. 이따금 많은 업무량을 적절히 갖고 있고 제때 마무리하며, 추가적 수정이 적습니다. 많은 부분에 최소한의 지도 및 일부에서의 적절한 지도만 필요합니다.

C등급은 '보통'으로서 의지할 수 있고 주어진 책임과 적당한 기대를 지속적으로 달성합니다. 추가적인 책임을 요청하면 수용하고 전체적으로 만족스럽습니다. 적정한 업무량을 갖고 있으며 업무를 제때 끝내고 추가적인 교정이 조금 있습니다. 적절한 지도가 가끔 필요하며 가끔 관리자의 별도의 주의가 필요한 수준을 말합니다. D등급은 보통 이하의 수준을 말합니다.

등급이란 것이 매우 자의적 해석에 의존한다는 것 같습니다만 읽어보면 알게 되듯이 등급의 기준은 매우 합리적이란 것이 느껴질 겁니다.

문제는 조직에서 이런 기준을 후하게 적용한다는 것입니다.

셋째, 조직생활에서 능력보다 태도가 더 중요합니다.

미국의 심리학자 앨버트 매라비안에 따르면 상대방과 소통할 정보를 전달하는 비율이 자세와 태도 55%, 목소리 38%, 메시지 7%라고 합니다. 소통하려면 비언어적인 요소가 언어보다 훨씬 중요하다는 것이죠. 보통 비언어적인 요소의 대부분은 마음을 표현합니다.

우리는 어떤 사람에게 더욱 더 많은 신뢰를 느끼게 되나요? 똑똑한 사람? 학벌이 좋은 사람? 시간이 지나다보면 진솔하고 성품이 따뜻한 사람, 긍정적인 사람에게 더욱 더 높은 신뢰를 갖게 됩니다.

여러분이 조직의 대표라고 가정해 보시고 신입직원을 선발하기 위해 고민 중이라고 생각해보세요. 어느 직원이 5개 국어를 통달하고 능력이 출중한데 도벽이 있다면 어떻습니까? 그 사람을 뽑겠습니까?

빨리 가려면 혼자 가고, 멀리 가려면 함께 가라는 말이 있습니다. 결국 조직은 함께 갈 수 있는 동반자를 뽑습니다. 능력은 조금 뒤쳐지더라도 조직 내에서 공과 사를 구별하고 조직원들을 배려하는 태도를 갖고 있는 사람이 결국은 인정받게 되는 겁니다.

물론 아부를 잘해서 승진도 빠르고 연봉도 높을 수 있습니다. 제 주위에서 그런 분들 쉽게 찾을 수 있습니다. 그러나 시간이 모든 것을 말해줍니다. 퇴직 전후 그런 분들의 주위에는 결국 그런 부류의 사람들만 남아있게 됩니다. 퇴직 후 후배들에게 대접받지 못하는 분들의 일부가 그런 성향의 사람들입니다.

자! 이제 우리 서로 힘내시면서 스스로 즐거움을 찾고, 자신의 인생에 주목하며 직장생활 했으면 합니다. 인생은 연극과 같다고 셰익스피어가 말했습니다. 지금까지 여러분들 자신의 연극 내용이 어땠나요? 재미있었나요? 감동적이었나요?

지금 힘들고 어렵다면 오히려 다행입니다. 당신의 연극은 감동을 선사할 조건을 갖췄으니 말이죠. 먼 훗날, 아주 먼 훗날 여러분이 영원히 눈을 감을 때 '이 정도면 됐어. 아주 잘했어! 멋졌어! 이젠 편히 쉬고 싶어.'라는 말과 함께 웃으며 떠날 수 있기를 응원합니다.

버거운 사람

　　사회생활을 하다 보면 도저히 상대하기 힘든 사람들을 만나기 일쑤입니다. 직장을 그만두는 사람들의 70% 이상이 직장 상사 등과의 갈등이라고 합니다. 동료와 후배 직원이 스트레스를 준다면 비교적 쉽게 해결할 수 있겠지만 상사와의 관계라면 문제가 복잡해집니다. 먹고사는 문제와 직면하다 보니 결정할 수 있는 경우의 수가 많지 않습니다.
　　먼저 직장 동료, 후배 직원이라면 둘만의 장소에서 솔직하게 말하는 것이 가장 간단한 방법입니다. 상대방의 자존심을 최대한 세워주면서 자신의 고충을 말하는 겁니다. 보통의 경우 솔직하게 자신의 감정을 이야기하고 재발 방지를 요구하면 오해가 쉽게 풀립니다. 그러나 그때뿐이고 계속 갈등이 반복된다면 '관계의 거리'를 넓히는 것이 상책입니다. 뾰족한 모서리에는 가까이 갈수록 아플 뿐입니다.
　　가장 어려운 경우는 직장 상사나 거래처 사람, 흔히 말하는 '갑'과의 관계에서 발생하는 갈등입니다. 기본적인 원칙인 '관계의 거리'를 넓히는 것은 같습니다. 그러나 그 거리만큼 불이익은 비례한다는 것은 감수해야 합니다. 저는 불이익을 감수하더라도 거리를 충분히 두라고 말씀드리고 싶습니다.

많은 사람들이 스트레스로 인해 건강을 잃고 심한 경우는 사회생활조차 힘든 상황까지 가게 됩니다. 인생을 망치는 경우도 허다합니다.

그리고 어떠한 상황이던지 감정적 대응은 절대적으로 피하라고 당부 드립니다. '그 누구도 나의 인생을 망칠 권리가 없다'는 말이 있습니다. 이 말의 본질은 그 누군가에게 내 인생을 망치지 말라고 요청하라는 것이 아니라 그 누군가가 나의 인생을 망칠 것 같다면 과감히 멀리 배척하라는 것입니다. 가장 극단적인 경우는 관계의 단절을 말하는 겁니다.

학교에서 당신의 자식을 괴롭히는 아이에게 먹을 것을 사주면서 친하게 지내달라고 부탁할 것이 아니라 그 아이에게 당신의 자식에게 절대로 접근하지 말라고 강하게 경고하라고 하는 것과 같은 이유입니다.

그럼에도 많은 사람들은 '내 탓이요'하면서 인내하고 자신을 먼저 반성하라고 합니다. 물론 갈등이 생기는 초기에는 당연히 입장을 바꿔서 이해하려는 노력이 필요합니다. 그러나 시간이 지나도 결과가 바뀌지 않는다면 행동을 바꿔야 합니다. 같은 행동을 하면서 결과가 다르길 기대하면 안 됩니다.

세상사는 일에 가장 힘든 일 중에 하나가 자신을 설득하는 것이라고 생각합니다. 미운 사람에 대해 용서해야 한다는 것을 알면서도, '내 탓이다'라고 되뇌는데도 마음에 바늘 하나 들어갈 곳이 보이질 않습니다. 자신이 잘못해서 관계가 어긋난 것이 아니란 자기 합리화 과정이 견고해지면 관계는 뒤늦게 파탄지경에 이르고 맙니다.

저의 경우도 어느 절친했던 분에게 수차례에 걸쳐 배신감을 느끼고 관계가 소원해진 다음, 제 마음을 정리하니 시원할 것 같다는 생각을 했었습니다만 자주 봐야 하는 사람의 경우에는 결코 쉽지가 않았습니다. 오해는 풀리기 마련이고 시간이 약이라고 생각했습니다. 그러나 한번 얽힌 실타래가 풀리긴 쉽지 않습니다. 신뢰가 없는 용서는 가식입니다.

반대로 당신의 실수로 상대방이 오해하고 있는 경우는 어떨까요? 상대방이 단단히 오해하고 마음의 문을 닫고 있을 때는 어떻게 행동해야 할까요?

KAIST 정재승 교수와 그의 제자 김호 님의 〈쿨하게 사과하라〉를 보면 제대로 사과하기 위해서는 세 가지 요건이 만족되어야 한다고 말합니다. 마음으로 말하는 진실성, 구체적으로 잘못한 점, 재발 방지 계획, 이 세 가지가 포함되어야 상대방이 사과를 수용하게 된다고 합니다.

흔히들 사과를 하고 '그런데', '사실은'등의 자신을 합리화 시키는 이유를 붙여 자신은 그럴 의도가 없었다거나 조건을 붙이는 경우가 많습니다. 그러다보면 사과가 아니라 "미안하다고 했잖아!"하면서 관계가 더 악화됩니다.

사과를 해야 하는 타이밍도 중요하다고 합니다. 존 카도는 〈효과적인 사과〉에서 사건이 덜 심각한 경우에는 즉시 사과하고, 심각한 사건일수록 '상대방이 분노를 식히는 시간'이 필요하다고 말합니다.

　　병원의 경우 의료사고가 빈번하게 발생합니다. 최근 연구결과에 따르면 소송으로 이어지는 의료사고의 대부분은 의사가 불친절했을 경우라고 보고되었습니다. 미시건대학병원의 경우 '진실 말하기'라는 사과 프로그램을 운영하고 있습니다. 이 프로그램을 운영하고부터 2001년 262건에 달하던 소송 건수가 지속적으로 감소하여 2007년에는 83건으로 줄었다고 합니다.

"만족한 고객들은 3명의 친구에게 말하고,
화가 난 소비자들은 3천 명에게 전달한다."
－피트 블랙쇼, 온라인 마케팅 전문가－

"과거는 결코 사라지지 않는다.
심지어 과거는 아직 지나간 것이 아니다."

- 윌리엄 포크너 -

부지런한 비효율

　여름휴가를 캐나다로 갔다 온 직장 동료의 휴가 이야기 도중 그곳 사람들은 8시쯤 되면 불 끄고 잠을 자는 것에 놀랐다고 하더군요. 어느 외국인에게 한국의 화려한 네온사인 야경에 놀랐다는 말을 들은 기억도 있습니다.

　2009년도 경제협력개발기구(OECD)의 발표에 따르면 한국인들의 평균 수면시간이 7시간 49분으로 29개 회원국 중 가장 짧다고 합니다. 가장 긴 나라는 프랑스로 8시간 50분이며 그 다음으로 긴 나라는 미국, 스페인 순이었다고 합니다. 재미있는 것은 지난해 한국갤럽에서 조사한 한국인 평균 수면시간은 이보다 더 적은 6시간 45분으로 한국인들은 점점 더 잠을 줄이고 있다는 것입니다.

　우리 국민들은 잠을 줄이며 무엇을 했을까요? 일을 했습니다. 경제협력개발기구(OECD)의 2009년 발표 자료를 보면 한국의 일일 노동시간은 8시간 48분으로 미국의 7시간, 프랑스의 6시간, 일본의 6시간 48분보다 훨씬 높았습니다.

　2012년 조사된 한국 노동자들의 인당 노동생산성은 5만 6710

달러로 경제협력개발기구(OECD) 회원국들의 평균인 7만 222달러의 81% 수준에 그쳤다고 발표했습니다. 시간당 노동생산성은 구매력 평가기준으로 28.9달러였고 33개국 가운데 28위였습니다.

이런 현상에 대해 한경닷컴 윤진식 편집위원은 한국인, 한국 기업이 '부지런한 비효율의 함정'에 빠졌기 때문이라며 LG경제연구원 강승훈 책임연구원이 7월 23일 발표한 보고서 '헛손질 많은 우리 기업들 문제는 부지런한 비효율이다'를 인용합니다. 열심히 일은 하지만 알고보면 손실 투성이라는 것입니다.

부지런한 비효율의 5대 얼굴은 보여주기, 시간 끌기, 낭비하기, 방해하기, 분산하기라고 합니다. 실천에 앞서 보고서 꾸미기, 멋진 발표하기 등 보여주기에 많은 신경을 쓰다 보니 성과도 낮고 열정과 감동도 반감된다는 것입니다. 불확실성이 큰 시대에 무거운 결정을 해야 하는 무게를 견디질 못하고 책임회피를 위해 시간을 끈다는 것입니다. 불확실성이 사라질 때까지 실행보다 계획이 중시되고 실속보다 형식이 중시되는 조직은 고객과 성과로부터 멀어집니다. 남은 것은 완벽하지만 이미 쓸모없는 보고서와 '우리의 판단이 틀리지 않았어!'라는 씁쓸한 자위뿐이라는 것입니다.

'모두의 것은 그 누구의 것도 아니다.'라는 말이 있습니다. 임원들은 체면과 권위를 중시하고 직원들은 소속감이 떨어지니 낭비가 횡횡한 것입니다. 최고의 경영은 모든 직원들을 경영자로 만드는 것입니다. 경영자는 회사 돈을 자신의 돈을 쓰듯 아껴 씁니다.

과도한 내부경쟁을 유도하면 선의의 경쟁이 아니라 전쟁터가 됩니다. 아군이 적군이 되는 상황이 됩니다. 스탠퍼드대의 제프리 페퍼 교수와 로버트 서튼 교수가 말했듯이 제로섬(zero-sum) 형태의 강력한 내부 경쟁은 조직 내 모두를 패자로 만들뿐 아니라 조직 자체도 패자로 만들 우려가 높다고 했습니다.

엔론은 요란스러운 파산만큼이나 치열한 내부 경쟁으로 악명을 떨친 회사였다고 합니다. 이 회사는 PRC(performance review committee)라는 시스템을 통해 매년 하위 15%의 직원을 퇴출하는 극단적인 내부 경쟁 정책을 사용했습니다. 그 결과 조직 내 협조가 사라지고 동료가 자신의 모니터를 훔쳐보는 게 두려워 화장실에 가지 못하는 일까지 발생했다고 합니다. 한 임원은 경쟁 사업부의 사업이 실패하자 승리의 V자를 그리는 직원을 보고 큰 충격을 받았다고 증언했습니다.

20세기 초 프랑스의 농업공학자 막스 링겔만이 주장한 '사회적 태만(social loafing)' 현상은 협업에 참여하는 사람이 늘어날수록 개인별 노력의 최대량이 줄어드는 경향이 있다는 것입니다. 권한과 책임을 명확히 하지 않으면 불필요한 이메일의 남발과 의미 없는 회의의 연속인 것입니다.

통계에 노예가 되지 마라

　　우리는 매일 매일 신문, 인터넷 등을 통해 그래프, 통계를 접합니다. 사람들은 숫자로 나타난 정보를 매우 신뢰하기 때문에 정부, 연구소, 학교, 방송국, 신문사 등에서 수없이 사용하는 것이 바로 통계자료입니다. 대럴 허브의 〈새빨간 거짓말, 통계〉를 보면 우리가 얼마나 왜곡된 정보에 노출되어 오류를 범할 수 있는지 경고합니다.

　　1950년대 "1924년도 예일대 졸업생들의 평균소득은 25,111달러이다"라고 〈뉴욕 선〉지에 실린 기사입니다. 그 당시 미국인 1인당 연간 평균 국민소득은 약 1,900달러였지요. 사람들은 기사를 읽고 예일대 졸업생들을 매우 부러워했을 겁니다. 그러나 예일대 졸업생들을 대상으로 25년 후 조사한 소득통계를 믿을 수 있는가 입니다. 연락이 안 되는 사람, 소득이 적어서 말 못하는 사람 등이 고려된다면 결과는 많이 바뀌지 않았을까요?

　　더군다나 표본조사의 경우 응답자들이 거짓 답변을 한 사례가 많이 있다고 합니다. 예를 들어 사람들이 많이 모이는 역에서 각양각색의 사람들을 대상으로 설문조사를 했다 칩시다. 정말 평균적인 사람들의 의견을 수집했다고 말할 수 있을까요? 어린 아기를 키우는 부모들의 의견은? 지방에 사는 사람들의 의견은? 노약자들의 의견은?

그래프의 경우도 축의 단위와 범위를 어떻게 설정하는가에 따라 결과가 천지차이로 나타날 수 있습니다. 아울러 정보를 숨기고 결과만을 보여줬을 때는 왜곡도 심하게 되지요. 예를 들어 어느 해에 발표된 소매상의 판매액을 보니 4월의 판매액이 전년도 4월보다 훨씬 증가했으므로 경기가 살아나고 있다고 발표했지만 전년도엔 3월에 부활절이 있었지만 그해엔 4월에 있었다는 사실을 밝히지 않았다면 말입니다.

중국의 어느 넓은 지역의 인구는 3천만 명이었는데 5년 뒤 1억 5백만 명으로 늘어났습니다. 이 데이터의 숨겨진 정보엔 질문의 차이가 있습니다. 5년 전엔 과세와 징병에 대한 질문이었고 5년 뒤엔 기아 구제를 위한 설문이었던 것입니다.

시작보다 마무리가 더 중요하다

　휴일 아침 막내아들과 단둘이 밥을 먹은 후 설거지를 하면서 남은 반찬과 얼룩진 식탁 좀 치워달라고 했더니 귀찮아하더라구요. 문득 옛날 아버님과 단둘이서 햇볕이 잘 들지 않던 부엌 한 구석 백열전구 밑에서 석유곤로에 국수를 끓여먹곤 했던 기억이 납니다. 저는 그 당시 아버님이 국수를 좋아하시는 줄 알았습니다. 나중에 어머님께서 하시는 말씀이 악착같이 돈 버시느라 국수를 질리도록 드셨다고 합니다. 국수를 후딱 해치우시곤 저에게 설거지를 하라고 하셨지만 귀찮아서 도망 다니곤 했습니다. 아버님께선 저에게 마무리를 잘해야 한다며 혼내시곤 했었죠.
　사회에 나와서 일을 하다 보면 이 마무리의 중요성을 크게 느낍니다. 누구나 말로는 다 잘합니다. 안 되는 일이 없지요. 그러나 벌려놓은 일을 잘 마무리하지 못하는 경우를 아주 많이 봅니다. 능력 있는 사람들의 특징은 특히 마무리를 잘합니다.
　조직에선 능력 있는 사람 중심으로 일을 맡기다보니 이 새로운 일이 안정되었다 싶으면 새로운 담당자로 바꾸는 경우가 허다합니다.

문제는 전임자가 세운 비전을 온전히 담지 못하고 관성으로 일을 처리합니다. 성과급 제도라는 것도 새로운 프로젝트를 가져온 사람에게 주지 마무리 잘 한사람에게 주지 않는 것이 보통이라 성과급의 취지가 무엇인지 다시 생각해 봐야 할 필요성이 많습니다.

정부도 비슷합니다. 새로운 정권이 들어서거나 조직의 장이 바뀌면 좋은 정책이더라도 혁신의 대상이 되곤 합니다. 정부에서 중소, 벤처기업을 지원하는 수많은 지원 프로그램들을 저 자신도 다 알지 못할 정도로 무지하게 많습니다. 각 기관들이 정부의 예산을 따내기 위해 기업들도 이해하기 어려운 이름을 붙여 돌연변이 진화하듯 질주하고 있는 것이 현실입니다. 이들 프로그램을 크게 다섯 가지에서 열 가지 정도로 묶어서 통합하면 어떨까 싶기도 합니다.

잘 된 마무리는 성과이고 효율입니다. 법정관리 등 망해가는 회사를 회생시키는 전문가들 중 유명한 어느 분은 가장 먼저 대대적인 작업장 청소 문화를 정착시키는 일을 우선하여 실행합니다. 작업장이 정리정돈 되면 잃어버린 도구를 찾아 시간을 낭비하지 않는 등 업무 효율이 높아지기 때문입니다.

정부가 예산이 없다며 세금을 올리려하는 지금, 이제는 시작보다 마무리에 집중하는 사회가 되면 어떨까 하는 마음입니다. 다만 새로운 시도를 가로막는 반작용의 빌미가 되지 않을까 걱정이 앞서기도 합니다.

해고, 주고받는 자의 아픔

오늘 중소기업 사장님과 상담을 하면서 기업을 운영하는 것이 참 어렵다는 말씀을 몇 번이나 반복하여 말씀하셨습니다. 매출과 함께 종업원 수가 늘어나면서 온갖 문제들이 발생하는데 점점 벅차다는 말씀을 하십니다. 규모가 큰 기업은 좀 덜할까 싶어 선배 기업인들에게 물어봐도 그 스트레스는 비례하더란 것입니다.

가장 큰 문제는 사람입니다. 물론 업종에 따라서 다르겠지만 매출 5억 원 규모일 때와 10억 원 규모일 때 종업원에게 요구되는 자질이 다르더랍니다. 이제 연 매출 100억 원을 넘기고 나니 10억 원 규모일 때 종업원들의 자질로는 부족함을 느끼게 된다는 말씀을 하십니다. 그렇다고 직원들에게 교육 등을 통해 자기계발을 시키는 것도 한계가 있다는 것입니다. 본인이 스스로 변화를 받아들이지 않으면 같이 갈 수 없다는 것입니다. 기업의 사장도 자신의 능력을 넘어서는 규모가 되면 스스로 물러날 줄 알아야 한다고 말합니다. 아주 현실적인 문제지요.

현재 대한민국의 노동법은 많이 선진국 수준으로 높아져서 엄격합니다. 해고하기 한 달 전에 명확한 경영상이나 개인적인 이유를 근거로 통보해줘야 합니다. 구두로 통보하는 것은 불법입니다. 이런 노동법을 잘 모르는 중소기업들이 역으로 나쁜 마음을 먹은 직원들에게 휘둘리는 경우도 많다고 합니다.

어느 노무사님께선 명확한 근거를 마련하고 인사위원회, 징계위원회 등을 거쳐 한 달 전에 해고를 서면으로 통보하되 그 전에 2~3달 정도 재취업을 할 수 있도록 지원하고 해고 사유를 전 직원들에게 알리라고 말합니다. 남아있는 직원들은 보통 해고되는 동료 편에 서기 때문에 직원들에게 애사심을 유지하고 싶다면 직원들이 오해하지 않도록 해야 한다는 것입니다.

반대로 부당하게 해고당하는 분들에겐 그만두기 전에 부당하게 해고되는 과정상의 증거들을 모아두라고 말합니다. 노무사님들을 찾아오시는 분들이 해고된 다음에 찾아오셔서 증거를 수집할 기회를 놓치고 후회하는 경우가 매우 많다고 합니다.

기업의 입장도 이해되고 노동자들의 입장도 이해가되니 참 안타까운 것이 한둘이 아닙니다. 그래서 그런지 좋은 기업들은 많지만 존경받는 기업들은 그리 흔하지 않습니다. 존경받는 기업들의 공통된 특징은 경영 목적이 돈만 버는 것이 아니라는 것입니다. 이들 기업들은 공통적으로 위대한 비전과 목표를 직원들과 함께 합니다. 회사가 경영이 힘들 때 직원들이 서로 고통을 감내해 내지요. 그러나 흔히 말하는 수준 이하의 기업들은 사장님들의 꿈의 크기가 크지 않을 뿐만 아니라 직원들을 감동시킬 비전도 없습니다. 그리고 고민의 해결책을 결정하는 시간이 매우 짧다는 것을 느끼게 됩니다. 제가 아는 아주 멋진 많은 사장님들의 얼굴이 머릿속에 슬라이드처럼 지나가고 있습니다.

추석 전에 잡초도 뽑고 벌초하러 갈 계획이었습니다.
문득 잡초란 단어가 귀에 거슬립니다.
이들에게도 엄연히 우리가 지어준 이름이 있습니다.
물피, 물달개비, 쇠털골, 밭뚝외풀, 방동사니, 바랭이, 뚝새풀, 강아지풀, 쇠비름...

세상 어디에 인간만 못한 것이 있을까요?
세상 어느 것 하나 신의 손길을 거치지 않은 것이 있나요?

어느 대기업의 위기

　　세계 1위의 글로벌 기업으로 잘나가던 어떤 대기업이 요즘 위기라는 뉴스가 흘러나오고 있습니다. 불과 2년 전 〈다시 창업하라〉에서 우려했던 상황들이 이렇게 빠르게 다가올 줄은 미처 몰랐습니다. 그 기업의 임원들은 자신들의 위기 발생의 본질적 원인이 무엇이라고 생각할까요?
　　기업의 삶도 사람의 삶과 마찬가지입니다. 곳간에서 인심난다는 말이 있습니다. 곡식을 넣어두는 곳인 곳간이 가득 차면 주인의 마음도 넉넉해지고 주변 사람들에게 인심을 잘 쓰기 때문에 주변에 사람들이 모이게 된다는 말입니다. 그런데 주인이 주변 사람들에게 인심은커녕 야박하게 군다거나, 오히려 자신의 곳간을 더 채우기 위해 노력한다면 인심은 외면하는 것입니다.
　　최근 산업계에선 오픈 이노베이션(Open Innovation)이 화두입니다. 자신이 모든 것을 다 잘할 수 없을 뿐만 아니라, 기술의 융합과 진화의 속도가 매우 빨라서 서로 콜라보레이션(Collaboration) 한다는 것입니다. 그런데 우리나라 대기업들은 이 오픈 이노베이션에 매우 취약합니다. 곳간이 가득 찼는데도 앞으로 올 위기 타령만 한고 남의 떡을 엿보기만 합니다. 골목마다 진을 치고 앉아 서민들의 코 묻은 돈을 빼앗기도 합니다.

이런 대기업들에게 혁신적인 아이디어를 순순히 제공할 벤처 사업가들이 얼마나 되겠습니까? 미래를 함께하자고 결의할 기업가들이 있겠습니까?

며칠 전 어느 중소기업 사장님께 전화가 왔습니다. 가격도 저렴한 새로운 친환경 소재를 개발했는데 마케팅을 지원해 달라는 것이었습니다. 대기업을 소개시켜드리겠다는 제 제안을 일언지하에 거절하시더군요. 이것이 현실입니다. 그러니 그 대기업에 대해 해외와 국내에서 국민들의 시각이 다른 것입니다. 온통 주위가 적인데 숨 쉴 구멍이 어디 있겠습니까?

경계 안에서 방황하다

　　사회생활을 하다 보면 조직 내외의 갈등으로 인해 방황하는 사람들을 많이 봅니다. 스스로 감내하며 아픔을 견뎌내려고 하지만 옆에서 지켜보는 사람은 표정만 봐도 알 수 있습니다. 흔히 일어나는 갈등의 대부분은 조직 내에서 발생합니다. 조직 내에서 일어나는 갈등의 본질은 크게 두 가지입니다. 하나는 개인의 자존감 상처이고 두 번째는 서열경쟁에 의한 것입니다.

　　자존감은 인간 심리의 가장 근원에 있는 것으로 삶의 원동력이라고 할 수 있습니다. 자존감이 상처를 받으면 목숨을 걸고 다툴 수 있는 치명적인 원인이 됩니다. 그리고 우리가 간과하는 아니, 애써 무시하는 것이 서열경쟁입니다. 집단생활을 하는 동물은 거의 다 서열경쟁을 합니다. 조직 내에서 연봉, 승진 등 생존과 권력에 관계된 일이기 때문입니다.

　　따라서 조직은 원래 갈등이 생기고 폭발할 여지가 많은 위험물 중에 하나라고 보는 것이 맞습니다. 그럼에도 불구하고 잘 되는 조직은 어떤 특징이 있을까요? 어떻게 해야 조직원들이 협력하고 상생하는 경쟁을 통해 지속적으로 혁신적인 성과를 낼까요?

P&G(프록터 앤 갬블)은 1837년 비누 제조업자와 양초 제조업자가 합작설립한 회사로 혁신의 가장 모범사례로 뽑힙니다. 1879년 물에 뜨는 비누 아이보리를 개발했고, 대공황이 절정이던 1933년 최초의 합성 세탁세제 드레프트, 1946년 기능성 세탁세제 타이드, 1955년 불소치약 크레스트, 1961년 최초의 일회용기저귀 팸퍼스, 1986년 최초로 샴푸와 컨디셔너를 결합한 퍼트 플러스, 1998년 섬유탈취제 페브리즈, 막대걸레 스위퍼, 2001년 가정용 치아 미백제 크레스트 화이트스트립트 등 지속적으로 혁신적인 아이템을 창출하고 있습니다.

마크 W. 존슨은 〈혁신은 왜 경계 밖에서 이루어지는가〉에서 혁신이 일어나는 조건 세 가지를 알려줍니다. 첫째, 고객이 무엇을 필요로 하는지 관찰하고 정의를 내려야 합니다. 둘째, 회사가 갖고 있는 핵심자원/프로세스를 강화해야 합니다. 셋째, 이익창출 공식을 만들어 내야 합니다. 그러나 이러한 세 가지 요건들이 내부에서 일어나는 것이 매우 힘들기 때문에 경계 밖에 있는 외부의 참여자들과 협력하는 관계를 굳건히 하라고 합니다.

실제로 1997년부터 2007년 사이에 〈포천〉지 선정 500대 기업에 등재된 1984년 이후 세워진 기업 26곳 중에서 절반 이상이 비즈니스 모델 혁신을 통해서 시가총액이 높아졌습니다. 2008년 IBM이 실시한 조사결과를 보면 참가한 1,100명이 넘는 기업CEO들 거의 전부가 비즈니스 모델을 수정할 필요가 있다고 대답했고, 2/3 이상은 전폭적 변화가 필요하다고 했습니다. 그러나 어떻게 해야 할진 거의 다 모르고 있었으며 대부분 다 실패했습니다.

인도의 자동차 메이커로 유명한 타타는 돈이 없어서 오토바이를 많이 타는 인도인들을 위해 세상에서 가장 저렴한 2천 불짜리 자동차를 만들어 냈습니다. 아마존이 온라인 서적판매에만 집착했으면 망해도 벌써 망했을 겁니다. 온라인에서 팔 수 있는 잡화시장에도 접근했고, 중고 책 거래에 진출했으며 결국 전자책 킨들의 대박으로 이어졌던 것입니다.

저는 마크 W.존슨의 원론적인 말보다 좀 더 본질적으로 고려해야 할 것이 있다고 봅니다. 회사의 개방적 문화는 리더의 자질에 좌우됩니다. 리더가 보여주는 회사의 비전 아래 직원들에게 즐거운 직장 분위기를 제공하여, 창의적이고 실패를 즐길 수 있는 문화를 만들어야 합니다. 조직의 단기적 성과에 급급하여 서열경쟁을 부추기면 그 조직은 금세 마른 수건처럼 짜도 짜도 물 한 방울 나오지 않는 조직이 됩니다.

1977년 미국의 제약회사 워너-칠코트는 임신한 여자의 오줌을 토끼에게 정맥주사 했더니 hCG호르몬에 의해 토끼의 난소가 부풀어 오르는 현상을 알아내고 집에서 간단하게 임신 여부를 측정할 수 있는 키트를 개발했습니다. 이 이야기에서 중요한 것은 어떻게 직원들이 오줌을 토끼 정맥에 주입할 생각을 했을까와 난소의 미세한 변화를 관찰하게 했을까 입니다. P&G가 성장의 발판이 되었던 아이보리 비누도 연구원이 실수로 비누를 믹서기에 넣고 돌려버린 실수의 이야기입니다. 이밖에도 후레온가스를 대체할 물질을 개발하려다 테프론을 만든 듀폰의 연구원 이야기도 실수의 이야기입니다. 직원들이 실수와 실패를 당연하게 여기고 즐겁게 협력을 통해 새로운 가치를 만들어 낼 수 있는 조직이 혁신을 할 수 있는 것입니다. 그리고 내부 직원들의 아이디어에만 의존하는 것이 아니라 외부의 협력사, 고객들의 의견이 융합되어야 기발한 혁신이 계속 창출되는 것입니다.

흔히 글로벌 인재를 말하면서 인재는 세상에 널려있다고 말합니다. 돈만 많이 주면 훌륭한 인재는 어디에서든지 데려다 쓸 수 있다는 것입니다. 그러나 그것은 대단한 착각입니다. 그런 생각을 갖고 있는 리더에게 진심으로 충성할 내부 조직원은 없습니다. 노동생산성이란 단어는 사람이 생산수단이라는 말입니다. 리더가 직원들을 생산수단으로 생각하면서 존경 받기를 원한다는 것은 앞뒤가 맞질 않는 얘기입니다. 결국, 경영자의 궁극의 성과는 리더가 얼마나 직원들에게 주인의식을 갖고 일을 즐길 수 있도록 꿈과 열정을 심어주었는지 입니다. 직원들이 주인의식을 갖고 있어야 스스로 고객을 관찰하고 스스로 역량을 높여 회사를 위해 일하는 것입니다.

주인의식을 갖게 하려면 돈이 직원들의 동기부여 요소가 되어서는 안 됩니다. 돈으로 하다 보면 더 많은 돈을 주는 조직으로 떠나게 되어 있습니다. 돈보다는 소속감과 자부심을 주어야 합니다. 연봉경쟁에 초점을 맞출 것이 아니라 평생직장에 초점을 맞춰야 합니다. 일본의 산업경쟁력이 급격히 떨어진 이유 중 하나가 평생직장의 개념을 포기한 이후부터입니다. 언제든 배신할 수 있는 조직에 충성할 이유가 없는 것입니다. 회사의 경영이 어려워져서 인원감원이 불가피하다면 경영자는 직원들 손을 맞잡고 함께 미래를 논의하고 마음과 마음을 모아 대책을 마련해야 합니다.

모 제약회사 임원이었던 김효준 씨는 회사가 IMF 이후 폐업을 해야 했습니다. 그는 먼저 자신의 명퇴수당을 포기하고 직원들의 재취업과 한 푼이라도 더 금전적 보상을 해주기 위해 노력했습니다. 따뜻한 리더십을 가진 덕장 김효준 씨는 훗날 BMW 한국지사 사장이 되었고 한국에서 가장 폭발적으로 시장을 넓히는 신화를 기록하였습니다.

존경받는 위대한 회사로 성장하길 꿈꾼다면 소유주와 주주들의 단순히 돈벌이 수단임을 넘어서는 위대한 비전을 보여줘야 합니다. 임원들이 수십, 수백억 원의 연봉을 챙기는 회사에 위대함을 기대하기 힘듭니다. 보통의 경우 직원들이 월급이 적어서 직장을 그만두는 것이 아닙니다. 서열경쟁에서 지거나 자존감이 상해서 "더럽고 치사해서 그만둔다!"며 사표를 던지는 겁니다.

조직의 확장에 힘 쏟기보다 조직의 유연성과 지역에 봉사하며 공생하는 조직으로서 자부심을 갖도록 노력해야 합니다. 10대에 걸쳐 만석지기 부자였던 경주 최부자댁의 사례처럼 지역의 주민들에게 기여하면 부(富)는 자동으로 쫓아옵니다. 우리는 좋은 일이 생기면 '복(福)을 받았다.'고 말합니다. 즉 복(福)은 가져오는 것이 아니라 남이 주는 것임을 알아야 합니다.

라인

조직 생활을 하다 보면 본의 아니게 편 가르기를 보게 됩니다. 일명 '줄을 선다.'라고 말합니다. 본인 스스로도 모르게 마음에 드는 선배, 동료, 후배들과 어울리다보면 그 줄에 선 것처럼 오해를 받기도 하지요. 보통 수장은 조직 내에 줄이 있다는 것을 용납하지 않습니다. 자신을 중심으로 하나의 줄만 있기를 바라지요.

그러나 집단생활을 하는 사람의 본성상 스스로 방어를 하지 못하는 경우를 대비해서 집단 내에 자신을 보호해 줄 다른 집단을 만들려고 합니다. 물론 다 그런 것은 아니고 서열 경쟁에 관심이 높은 사람들이 그런 집단을 만들려고 노력합니다.

집단의 리더는 보통 연장자나 가장 직급이 높은 사람이 자연스럽게 추대됩니다. 그리고 그 리더의 조직 내에서의 위상에 따라 그 집단의 파워도 다르게 됩니다. 사람들은 자신이 속한 집단, 줄이 자신의 미래를 좌우할 것으로 믿는 경향이 있습니다. 그래서 그 줄을 놓지 않으려고 공과사의 경계를 넘나들게 되지요. 조직의 수장이 가장 우려하는 일들이 바로 이런 상황입니다.

전 서울지방검찰청 특별수사팀장이었던 윤석렬 씨는 국정원의 대통령 선거개입으로 시끄러울 당시 "전, 사람에게 충성하지 않는다"는 말을 해서 세상을 놀라게 한 적이 있습니다. 전 이분의 말을 듣는 순간 과오를 떠나서 멋있는 사람이란 생각을 했습니다. 자신의 인생철학이 견고한 사람은 줄을 서지 않습니다. 줄을 선다는 것은 섬김을 떠나 노예로 살겠다는 맹세와 같습니다.

오늘 아침 뉴스에서 여당은 최근 세월호 관련 두 번의 합의를 깬 야당 정치인들의 정치 행태에 대해 정치인으로서 자격이 없다는 말을 했습니다. 정당정치에서 정당의 대표 간의 합의를 두 번이나 뒤집은 것에 대한 비난이었습니다. 언론에서는 이렇게 야당이 내부적으로 분열된 모습을 보이는 이유가 야당 내 어느 계파들이 매우 강경한 태도로 일관하기 때문이라고 말합니다. 야당 내부의 계파별 서열 경쟁이라고밖에 볼 수 없습니다. 사실 여당도 상황이 비슷하기는 마찬가지입니다.

이렇게 조직 내 여러 집단이 존재하는 것을 막을 수는 없습니다. 집단생활 하는 동물들의 본능에 해당하는 현상이기 때문입니다. 여기서 가장 중요한 핵심은 그 조직의 수장이 어떤 리더십을 보유하고 있는지 입니다. 리더가 모범적인 모습과 현명한 판단으로 리더십을 보여준다면 조직은 성장하는 것이고 흔들리며 존재감을 잃어간다면 조직은 분열되고 와해되다 새로운 리더의 탄생으로 재정비가 되는 것이 당연한 결과입니다.

똥과 뒹글다

조직 생활에서 힘든 시절을 돌아보면 뭔가 답답한 벽을 느끼게 하는 부류의 사람과 관계를 유지해야 하는 경우입니다. 지나치게 자기 위주로 생각하며 예의가 없는 사람은 질색입니다.

제 자신의 교만함 때문이라고 자책을 하며 도를 닦는 셈 치고 인내를 해봐도 고통의 깊이는 더해갑니다. 이럴 경우는 관계에 굵은 선을 긋고 거리를 둘 수밖에 없습니다. 민물고기가 바다 거북이와 친해질 수 없듯이 말입니다. 부부간이나 혈육 간에는 극복해야만 할 여러 가지 치명적 이유가 있지만 대안이 있을 수 있는 관계라면 회피라는 쉬운 방법을 선택하곤 합니다.

서로의 다름을 인정하고 거리를 유지해야 함에도 교만한 생각에 이런 상황을 급하게 극복하려들다 오히려 갈등이 증폭됩니다. 일반적으로 갈등의 표면화는 말에서 시작됩니다. 되돌릴 수 없는 관계로 가는 경우는 가장 치명적인 자존심을 건드리는 겁니다. 이 치명적인 필살기가 사용되면 관계가 끝났다는 생각이 들겠지만 사실은 최악의 단계에 도달한 것이자 새로운 시작입니다. 철천지원수의 관계로 돌입한 것입니다.

　　당사자들은 관계 종료를 선포했지만 끝나지 않았다는 것을 본인들만 모르는 것, 이것이 문제인 것입니다. 똥이 무서워서 피하나요 더러워서 피하지요. 똥과 뒹구르며 장렬히 싸워봐야 냄새가 온몸 깊숙이 스며들 뿐입니다. 무모한 용기는 비참한 결과를 가져올 뿐입니다. 예술적으로 피하는 것도 지성에 해당합니다.

　　아... 이 몹쓸 지성의 결핍이여.

지나간 젊은 시절을 돌아보면
낯 뜨거움과 함께 아쉬움이 많습니다.
그 누군가는 자신의 일생에서
그 시절을 개와 비교하기도 하더군요.

점잖다는 것은 젊지 않다는 뜻이라고 합니다.
유교적 사고에선 점잖지 않다는 것이
예의를 모르거나 배움이 못 미치는 수준이라는 책망의 말이었지만
지금은 시대가 변했습니다.

나이가 들어도 열정이 있다면 점잖지 않을 수 있습니다.
제가 아는 훌륭한 분들 중엔 점잖음보단
순수한 영혼을 가진 분들도 꽤 많았습니다.

고장

　　어제 벌초하던 중 예초기가 갑자기 멈춰버려서 당황했었습니다. 금년 봄에 선산의 조상들 묘를 가족묘 한 구로 조성하여 예초기 한 대만 가져갔거든요. 집안의 어른들, 동생들과 힘들게 시간을 내서 내려 온 건데 난감했습니다. 부랴부랴 증평 시내로 가서 예초기를 고치려는데 때가 때인지라 예초기를 수리하시려는 분들이 줄서서 기다리는 바람에 난리통이었습니다. 5만 원에 임대용 예초기를 빌려서 우선 일을 마무리했습니다.

　　사람도 그런 것 같습니다. 아무리 숨 쉬고 살아간들 고장 난 인생이란 무용지물입니다. 사회생활에서 예의를 모르거나 자신의 의무를 망각한다거나 더 나아가서 남에게 피해를 주는 행동들을 거리낌 없이 한다면 있으나마나 한 인간, 민폐 인생, 자리만 차지하는 고장 난 인생인 것입니다.

　　10여 년 전 유행하던 역대 대통령들을 비하하며 비교하는 옛 유머 중에 가장 문제가 있었던 모 대통령을 묘사하길 그분이 최악인 이유는 무식하면서 결단 있게 행동했기 때문이라고 했습니다. 개인적으로 그 분에 대한 대중들의 오해가 언젠간 어느 정도 풀릴 거라고 생각합니다. 어쨌든 이 유머가 시사하는 점은 잘못된 방향으로 열심히 노를 저어봐야 목적지와 멀어진다며 무식하면 가만히라도 있으라는 말입니다.

고장이 난 사람들이 있는 것이 당연합니다. 왜, 누가 고장을 냈는지가 중요할 수 있습니다만 인간이든지 기계든지 고장은 불가피한 현상입니다. 차로 따지면 고장 난 것을 알고 있다면 고치든지 대비를 할 텐데 고장 난 줄도 모르고 고속도로에서 과속을 하기에 더 큰 문제입니다.

우리는 스스로가 어떻게 고장 났는지 알아챌 수 있을까요? 스스로 마음을 고요히 하고 마음의 불편한 곳을 자문해 본다거나 가장 가까운 가족이나 친구에게 진지하게 물어보면 됩니다. 주변의 아무에게나 묻진 마세요. 당신을 잘 모르는 사람들의 충고는 당신의 삶을 더 불편하게 할 수 있습니다. 우리가 신이 아니기에 그렇게 치명적이지 않은 고장은 안고 가도 됩니다. 그러나 인생을 망칠 수 있는 고장이라면 잠시 멈춰서 고쳐야겠지요. 지금 당장 말입니다.

어쩌면 이러다가 우리는 영영 목적지에 못 갈지도 모릅니다.

소음

 요 며칠 창밖의 청소차 소음과 함께 눈을 뜹니다. 이른 아침이다 보니 더욱 큰 소음으로 들립니다. 평소엔 그렇게 시끄럽게 느끼지 못했던 자동차 소음을 더욱 크게 느끼며 우리가 일상 중, 부지불식간에 얼마나 많은 소음에 시달리나 생각해 봅니다. 상쾌한 바람과 고요함 속에 지저귀는 새들의 노랫소리와 함께하고 싶은 생각이 간절해졌습니다.
 잠깬 김에 신문을 들었습니다. LTV(주택담보대출비율)을 70%까지 완화시키겠다는 정부 발표가 눈에 들어옵니다. '이거 원... 정부가 국민들에게 빚을 권하는군.'하며 씁쓸한 마음이 들었습니다. 소리로 들리는 것만 소음이 아니란 생각이 들었습니다.
 지금 경기가 악순환 되고 있는 이유는 하나가 국민들과 기업들의 과도한 부채입니다. 부채에 대한 이자와 원금을 갚으면서 하루하루 힘들게 살아가는 서민들의 삶은 고달픕니다. 대다수 서민들이 쓸 돈이 없어 주머니를 닫다 보니 주변 상가들도 문 닫는 곳이 많습니다.

부동산 거래 활성화가 국민경제에 미치는 효과가 매우 큰 것은 이해합니다. 건설경기, 전자제품 시장, 상권활성화 등 일자리를 만드는 데 큰 몫을 합니다. 그러나 비정상적인 거품이 생기게 된 본질을 들여다봐야 합니다.

우리나라 부동산 시장의 가장 큰 문제는 '한탕주의'를 부추겼다는 것입니다. 많은 사회 지도자층들이 부동산 투기 문제로 고역을 치르고 있는 것도 이러한 이유입니다. 이 문제를 정책적으로 해결하려면 부동산 개발의 수익을 원래 토지, 건물 소유주에게도 분배를 해야 했습니다. 보통 개발되는 땅의 원래 소유주들은 헐값에 빼앗기듯 쫓겨나는 경우가 허다하기 때문입니다.

전문가들은 인구감소 등으로 인한 공급과잉으로 향후 아파트 가격은 점차 내릴 것이라고 말합니다. 그러나 쇼핑몰, 학원, 병원, 전철, 학교 등 인프라가 뛰어난 수도권 지역은 아직 투자가치가 있다고 전망하기도 합니다. 문제는 지방이라는 겁니다.

아침의 소음이 아직도 귓가에 윙윙거리고 있는 지금. 지난 며칠간의 스위스 출장 중 보았던 동네가 기억이 납니다. 몇 년 후엔 꼭 조용하고 상쾌한 곳으로 이사 가겠다는 다짐을 다시 해 봅니다.

갈등을 예방하는 방법

후회하는 일의 대부분은 자신이 했던 행동에 대한 것입니다. 하지 않은 행동을 후회하는 경우는 많지 않습니다. 그리고 치명적인 갈등이 생기는 경우의 대부분은 친했던 사람들과의 관계입니다. 친하지도 않은데 갈등이 생길일은 거의 없습니다. 참 아이러니 하지요.

부부간의 갈등도 마찬가지입니다. 갈등이 생기는 원인을 돌아보면 매우 사소한 원인에서 출발합니다. 대부분 자존심을 건드리는 것으로 시작됩니다. 자존심이란 것이 깨지기 쉬운 유리와 같아서 보통 자신이 지키는 것이 아니라 상대방이 지켜줘야 합니다. 상대방과 화끈하게 싸우고 싶다면 방법은 아주 쉽습니다. 상대방의 약점을 하나 잡아서 자존심을 살짝 깎아주면 됩니다.

사람들과 갈등을 자주 겪다 보면 새로운 사람을 깊이 사귄다는 것이 얼마나 조심스럽고 책임감이 필요한지 알게 됩니다. 잃을게 별로 없는 학창시절 친구를 사귀는 것과는 그 무게가 달라집니다. 사회에선 생계, 승진 등 자신의 포지셔닝과 직결되기 때문입니다. 그런 면에서 자존심이란 게 어려선 크리스탈 양주잔처럼 작고 단단하지만 성장하면서 맑고 청명한 소리를 내지만 깨지기 쉬운 와인 잔으로 변하는 것 같다는 생각을 합니다.

갈등을 피하는 가장 적극적인 방법을 저의 경험상 말씀드리면 존댓말을 사용하는 것이 참 좋은 것 같습니다. 조직 내에서도 상하관계를 떠나서 존칭을 사용하면 서로 존중하게 되고 자연스럽게 예의도 갖춰지게 됩니다. 가정 내, 친구 간에도 존칭을 섞어가면서 대화를 하면 갈등의 기회가 줄어드는 것을 느끼실 겁니다. 특히, 친구들 간에 친밀함의 표현으로 욕도 하고 깎아내리는 농담도 자주하는데 사실 나이가 들다 보면 갈등의 원인만 되지 좋을 게 없습니다.

저의 경우도 아이들에게 가끔 "... 하셔", "축하하네"라고 말하면 더 공손한 반응을 보이는 것을 경험합니다. 허물없는 친구들과도 이렇게 존중해주는 대화를 하다 보면 서로 격려해주는 대화로 흐르는 것을 경험하게 됩니다.

그래도
희망

왜 뛰어 내리는가

오늘 아침 뉴스에 OECD 회원국 중에서 자살률이 가장 높은 나라가 우리가 살고 있는 대한민국이라는 발표가 있었습니다. 최근 몇 년간 계속 반복되는 뉴스라 놀랍지도 않습니다. 정부에서도 10년 전인 2004년 자살예방대책 5개년 계획을 세우는 등 자살 예방을 위해 노력했음에도 30% 가까이 증가했다고 합니다. 한국보건사회연구원이 최근 발간한 'OECD 국가의 사망원인별 사망률 비교' 보고서를 보면 2012년 말 현재 우리나라의 자살 사망률은 인구 10만 명당 29.1명으로 집계됐습니다. 이는 10년 전인 2002년 22.7명보다 28.2% 증가한 것으로, OECD 전체 회원국 가운데 가장 높은 수치입니다.

반면 10여 년 전 우리나라와 비슷한 수준의 자살률을 보였던 에스토니아는 오히려 39.2%나 급감하는 등 OECD 대부분의 국가에서 자살률이 감소했습니다. 자살 사망률이 가장 낮은 국가는 터키로 인구 10만 명당 1.7명에 불과했으며, OECD 평균은 12.1명입니다.

"내가 왜 사는 줄 모르겠다" "사는 게 재미없다" "사는 게 참 힘들다."라는 말은 지금 우리나라 초등학생들까지 거침없이 내뱉는 말이 되었습니다.

한국의 경제규모가 세계 10위권임에도 세계적으로 국민들이 느끼는 행복순위는 50위권입니다. 일인당 국민소득이 턱없이 낮은 남아프리카 공화국, 터키, 페루, 멕시코, 베네수엘라보다 낮습니다. 최근 10여 년 사이에 한국인의 심장병 발병률이 여섯 배나 증가한 것도 자살률 증가와 무관하지 않습니다. 자살률 1위에 소득격차는 멕시코에 이어 2위, 국채 증가율, 세금 부담 증가율, 저임금 노동자 비율, 근로시간, 노동유연성, 비정규직 비율, 산재 사망자 수, 사교육비 비중, 이혼율도 세계 1위입니다. 당연하겠지만 출산율은 꼴찌입니다.

2008년 5월 10일, 미국의 〈워싱턴포스트〉는 한국인이 일중독, 자녀교육중독에 빠져있다고 지적했습니다. 학자들에 따라 불안에 대한 견해가 다소 다르긴 해도 대다수의 학자들은 불안을 만성화된 공포로 이해합니다. 우리나라 국민들이 겪은 최근의 가장 큰 충격은 1997년 발발한 IMF 경제 위기였습니다. 그 이후 몰아친 신자유주의는 고용의 불안정과 적자생존을 강조한 치열한 경쟁을 요구하고 있습니다.

그러나 한국인들은 5천 년의 역사 속에서 숱한 전쟁을 겪으면서도 국민들이 단결을 하여 국가를 지켜왔습니다. 경영학계의 전설이었던 피터 드러커는 전 세계에서 가장 기업가 정신이 드높은 나라로 대한민국을 뽑았고 프랑스의 석학 자크 아탈리, 경영학계의 세계적인 구루(guru)로 칭송받는 톰 피터스도 21세기에 이르러 대한민국이 동북아 시대를 주도하는 나라가 될 것이라고 말했습니다.

"지금 우리 주변의 모든 것들은 과거 그 누군가의 간절한 꿈이었다."는 말이 떠오릅니다. 긍정적이고 희망차고 담대한 '꿈'을 꾸는 사람들이 많은 대한민국은 분명 그 '꿈'을 이룰 것이라고 생각합니다.

우리가 외면하는 우리의 역사

2014년 6월 25일 국무총리로 추천되었던 문창극 씨가 청문회 문턱에서 결국 포기했습니다. 이분이 낙마하게 된 가장 결정적 이유는 자학적인 역사관이었습니다. 저는 이분의 말씀을 들으며 우리 스스로를 자학하는 모습이 가장 못마땅했었습니다. 500년의 조선왕조가 망한 이유가 게으르고 무능한 민족에게 내린 신의 벌이란 말에 놀라움을 금치 못했습니다.

전 세계 어느 나라를 봐도 500년간 왕조가 지속된 사례가 많지 않습니다. 중국의 역사를 보면 정치력 부재로 인해 숱한 정권교체를 겪었습니다. 우리나라는 역사 이래 한 왕조가 500년 이상씩 정권을 유지했었습니다. 그러면서 찬란한 역사적 보물과 문화유산을 탄생시켰죠.

고구려는 100백만 대군의 수나라를 물리치고 결국엔 망하게 만들었습니다. 고려시대엔 세계 최고의 군대였던 몽골군을 40여 년간 막아낸 유일무이한 저력도 갖고 있었습니다. 조선시대엔 유네스코가 가장 과학적인 한글을 체계화하고 보급한 시기이기도 했습니다.

대한민국 역사상 가장 수치스러웠던 식민 시절을 신의 은총이라고 말하는 것은 너무 무리한 자가당착식 생각입니다. 나라를 잃었고, 이름을 잃었고, 언어를 잃었고 가장 소중했던 가족을 잃었으며 역사까지 왜곡당하여 아직까지도 식민사관이라는 굴레에서 허우적대는 우리의 현실이 신의 은총이라는 것을 도저히 받아들일 수 없습니다.

많은 사람들이 믿는 신은 그런 분이 아닐 겁니다...

그렇다면 우리는 우리의 역사에 대해 고민해 본 적이 있습니까? 왜 우리 조상은 한반도 끝에 조그만 반도에 나라를 만들었을까요? 왜 우리는 수없는 왜침을 막아낸 저력이 있으면서도 민족성이 어떻고 저떻고 폄하하면서 살까요?

저는 고조선과 관련된 역사서를 포함해 세계 역사서를 백여 권 뒤져가며 한국 고대사를 공부한 적이 있습니다. 그리고 우리 민족이 위대한 역사를 갖고 있음에도 식민사관의 저주에서 아직도 헤어나지 못하고 헤매고 있다는 생각에 이르렀습니다.

태양은 동쪽에서 뜬다!

고대의 고도의 문화를 가졌던 민족들은 대부분 태양신을 모셨습니다. 아시아를 오리엔트(Orient)라고 하지요. 그 원래 뜻은 해 뜨는 곳이란 의미입니다. 이집트 문명, 수메르문명, 잉카문명, 마야문명 등 모두 태양신을 섬기던 문화입니다. 이집트의 피라미드도 태양의 에너지를 모아 황제의 시체를 보관하고 재림할 수 있다고 믿는 것이었습니다. 그래서 항상 해 뜨는 곳을 보고 제사를 지내고 그곳을 지향하며 살았지요. 아시아 대륙에서 가장 날씨가 좋고 태양이 뜨는 곳이 어디일까요? 바로 대한민국이었습니다.

우리 민족의 기원을 기록한 책들이 있습니다. 〈규원사화〉, 〈천부경〉, 〈한단고기〉 등이지요. 이러한 책들은 일부 국사학계에선 역사서로 인정을 받지 못하고 있는 실정입니다만 중국, 일본 등의 역사서를 보면 그냥 위서라고 간과할 수가 없는 이유를 알게 됩니다.

〈천부경〉, 〈신라 부고지〉 등에 우주의 탄생에 대한 아주 재미있는 표현이 있습니다. "아무것도 없는 곳에서 하나가 생겼다" "태초의 우주에 실달성과 허달성이 생겼다"라는 표현인데요. 세계적인 물리학자인 스티븐 호킹은 〈시간의 역사〉에서 말한 입자, 반입자를 통한 우주의 탄생을 주장했고 많은 과학자들의 실험에 의해 증명된 바 있습니다. 1+ (-1)=0입니다. 이것을 거꾸로 하면 0에서 +1과 -1이 생겨난다는 것입니다. 즉, 아무것도 없는 무에서 유가 창조된 것입니다. 이것을 〈신라 부도지〉에선 허달성과 실달성으로 표현했던 것입니다.

신라인으로서 당나라도 인정한 최고의 석학 최치원이 묘향산 석벽에 기록한 〈천부경〉. 최치원은 〈난랑비서문〉에서 "우리나라에 현묘한 도가 있으니 이를 풍류라 한다. 그 연원은 신사에 상세히 실려 있으며, 원래의 교리는 유불선을 이미 포함하고 있으니, 서로 접하여 무리를 이뤄 산다."고 하였습니다. 환국시대부터 전해 오는 천지창조와 우주의 원리를 81자의 문자와 숫자로 설명한 경서인 〈천부경〉에 대해 〈천부경 태양의 코드〉의 저자 문주희 박사는 태양족인 조상들이 천지창조와 세상의 원리에 대한 깨달음을 기록한 경전이라고 말합니다.

우리나라의 고조선은 기원전 2333년에 건국되었다고 기록되어 있습니다만 위에서 말씀드린 고서(古書)에서는 기원전 7197년에 이미 배달국이 건국되었다고 합니다. 많은 학자들이 인정을 하지 않고 있지만 놀랍게도 중국의 최고 역사서인 〈사기〉를 비롯한 〈산해경〉, 〈서경〉, 〈여씨춘추〉, 〈열자〉, 〈관자〉, 〈한비자〉, 〈손자〉, 〈진서〉 등에 우리가 주장하는 14대 단군인 치우천황과 중국의 최초 황제 헌원 간의 전쟁에 대한 기록이 있습니다.

이들 내용을 요약해 보면 동이족을 교만하고 거칠다고 표현하고 있으며 치우를 어리석을 치(蚩), 원망할 우(尤)로 폄하하여 자기 나라를 침략한 원수로 표현하고 있습니다. 그러나 중국의 최초 황제 헌원은 치우천황에게 단 한 번의 전쟁승리도 얻지 못했다는 기록이 남아있습니다. 치우천황은 아시다시피 우리나라 축구 응원단인 붉은 악마의 로고이기도 합니다. 즉, 자신들의 황제 헌원에게 번번이 패배를 안긴 동이족들을 좋게 표현했을 리가 없던 것입니다.

고조선의 영토에 대한 말도 매우 많습니다. 영토를 검증하는 방법은 기록과 유물 등을 통해서 가능합니다. 예를 들어 미송리형 토기, 탁자형 고인돌, 비파형 청동검이 있습니다. 이것들은 한반도를 중심으로 한 기마민족들에게만 나타나는 고유한 유물들입니다. 이러한 유물들이 백두산 등을 중심으로 중국대륙에 걸쳐 발견되고 있습니다.

또한, 중국의 〈흠정만주원류고〉에 따르면 고조선의 영토가 백두산에서 흑룡강, 구한막에 이르고 말을 달려 200일 걸린다고 하였습니다. 그만큼 영토가 넓었다는 것이지요. 그리고 중국의 〈수경주〉, 〈산해경〉에 패수, 요수가 고조선의 서쪽 경계라고 하였는데 패수, 요수를 설명한 것을 보면 "물길이 동남쪽으로 바다에 이른다" 했습니다. 동남쪽으로 흐른다는 것은 한반도를 고조선으로 단정하면 설명할 수 없습니다. 즉, 압록강, 두만강이 아니라는 겁니다. 한반도 내 어떤 강이 동남쪽을 향하여 바다로 들어가고 있습니까? 고조선의 영토는 만주를 포함한다는 결정적 증거인 것입니다.

고조선은 어떤 나라였을까요? 중국 주나라 동방삭이 쓴 〈신이경〉을 보면 항상 공손하고 서로 칭찬하고 자비롭다 하였으며, 세상의 뿌리는 동쪽의 동이족에서 시작했다고 했습니다. 공자는 어수선한 중국의 정세를 한탄하며 "동쪽의 동이족이 사는 군자의 나라로 가서 살고 싶다" 하였습니다. 중국 〈후한서〉를 보면 동이민족은 음식을 먹을 때 그릇을 사용하며 예를 갖추고 양보를 잘한다고 하였으며 〈삼국지〉를 보면 길가는 자가 서로 만나면 길을 양보하는 것을 훌륭히 여긴다고 적혀있습니다. 군사력 또한 막강했습니다. 중국의 대표적인 사서인 한무제 사마천의 〈사기〉를 보면 고조선과의 전쟁에서 "양군이 욕을 당하고 공을 세운 자가 없다"는 기록을 보았을 때 고조선은 중국에 의해 망한 것이 아니라 내분에 의해 패망한 것으로 보는 것이 맞다고 봅니다.

다산 정약용은 "삼국 중에서 백제가 가장 강성했다"고 했습니다. 우리가 보편적으로 알고 있기로는 삼국시대에 고구려가 가장 강성했다라고 생각하고 있지만 중국의 〈송서〉, 〈양서〉, 〈남제서〉, 〈

만주원류고〉 등의 서적에 백제의 영토에 대한 부분이 나옵니다. 그 중에서 〈남제서〉에 보면 더욱 명확하게 나옵니다. "백제는 서로 양쯔강에 이르고 북으로 고구려, 아래론 바다를 건너 왜에 이른다"고 기술하고 있습니다. 백제의 영토가 한반도 내 서남쪽 일부 지역이 아니었다는 것을 말합니다. 그뿐만이 아닙니다. 금나라 역사서 〈금사〉를 보면 "금태조는 고려에서 왔다"라는 기록이 있습니다.

기상청에 근무하다가 역사 관련 책을 펴낸 정용석 씨는 기상학적으로 삼국사기, 삼국유사를 분석한 결과 삼국을 한반도에만 한정시킬 때 이해할 수 없는 기록들이 많다는 것을 주장했습니다. 예를 든다면 삼국이 각자 별도로 이상기후 현상을 보인다는 것입니다. 한반도라는 좁은 곳에서 각 나라가 인접하여 있으면서 날씨가 확연히 틀릴 수가 없다는 것입니다. 신라에 눈이 약 1미터 가까이 왔는데 그 시대에 고구려, 백제엔 눈이 내린 기록이 전혀 보이지 않는 다는 것입니다. 고구려의 경우 여름 4월에 서리가 내리고 초가을인 7월에도 서리가 내려 곡식을 상하게 되었는데 10개월간 서리가 내리는 자연환경은 한반도는 아니라는 것이다. 이러한 현상은 대륙의 넓은 스텝 건조기후대에서 찾아야 한다는 것입니다. 가뭄에 대한 기록 또한 삼국이 일치하지 않습니다. 우리나라의 역사를 한반도 내에서만 해석하는 것을 다시 고려해 보아야 합니다.

우리의 고대 과학기술을 보면 입이 벌어집니다. 우리민족은 옛날 고구려 벽화 등 역사를 보아도 알 수 있지만 활을 잘 쏘는 기마민족이었습니다. 고조선 시대 유물에서 지금의 석궁인 노(弩)가 발견되었습니다. 그리고 여러 전쟁에서 노가 유용하게 사용되는데 특히, 나당전쟁, 임진왜란에서의 권율장군이 사용했다는 기록이 있습니다. 노는 활에 비해 쉽게 동작하지만 발사속도가 느리다는 단점이 있습니다. 이 노 제작기술은 당나라가 신라에게서 기술을 빼내려고 했지만 실패하였습니다. 이러한 기반 위에서 신기전이라는 다연발 로켓포가 조선 문종 때 세계최초로 개발되었습니다. 임진왜란 때 사용된 거북선은 일본의 30만 대군을 물리치는 데 결정적 역할을 했습니다.

전쟁 무기만이 아닙니다. 석굴암의 구조를 보면 고대 신라인들의 수학기술과 기하학의 발전상을 엿볼 수 있습니다. 우리나라의 해시계인 앙부일구는 세계 최초로 계절을 표시하고 있으며, 한국 침술은 재현성이 뛰어나 2008년 6월 세계표준으로 지정되었습니다.

그러면 우리는 왜 우리의 역사를 폄하하고 있을까요? 일제 식민지 시절 사이토 총독은 우리나라 조선의 민족성을 말살하기 위해 일본문화이입을 교육 정책으로 정했습니다. 조선은 임진왜란 때도 경험을 했지만 왕은 도망가도 민중은 남아서 의병을 일으키고 항쟁을 멈추지 않았기 때문에 중장기적인 전략을 수립했던 것입니다.

삼국이 통일되는 시기에 백제의 개로왕이 고구려의 장수왕에게 죽임을 당하자 일본의 천왕이 당나라에 국서를 보냈는데 그 내용을 보면 "원통하고 비통하다 지금은 힘이 미약하여 어쩔 수 없지만 힘을 키워 2~3년 안에 복수하리라" 대략 이런 내용이라고 합니다. 일본은 모국인 백제가 멸망하는 것을 보면서 복수의 칼날을 준비했으며 이러한 원망은 지금까지도 내려오고 있는 것 같습니다. 일본 천황은 2001년 12월 24일 조상이 백제인이라는 것을 스스로 인정했습니다.

우리나라는 기마민족이었습니다. 유아반점이 있는 것이 기마민족들의 특징이지요. 몽고민족뿐만 아니라 인디언, 잉카인, 마야인 등에서도 발견된다고 합니다. 이들은 태양신을 섬겼을 뿐 아니라 문화와 언어도 매우 비슷합니다. 미국 UCLA의 HLA센터의 연구결과 한국인과 인디언들의 유전자가 100% 같다는 것이 발표되었으며 인디언들은 우리나라의 전통 놀이인 윷놀이 문화를 가지고 있습니다.

대만의 서량지 교수와 북경대 엄문명 교수는 중국 고대사와 관련하여 동이족의 역사임을 인정하였습니다. 우리가 우리의 역사를 알지 못하는데 누가 우리의 역사와 우리의 자존심을 지켜주겠습니까?

공자의 7대손인 공빈의 집을 헐다 벽속에서 발견한 책이 전국시대 위나라 안이왕 10년 공빈이 쓴 '동이열전'을 소개합니다.

"먼 옛날부터 동쪽에 나라가 있는데 동이라 한다. 그 나라에 단군이라는 훌륭한 사람이 태어나니 아홉 부족 구이가 그를 받들어 임금으로 모셨다. 일찍이 그 나라에 자부선인이라는 도에 통한 학자가 있었는데, 중국의 황제가 글을 배우고 내황문을 받아가지고 돌아와 염제대신 임금이 되어 백성들에게 생활 방법을 알려주었다.... 중략 ... 그 나라는 비록 크나 남의 나라를 업신여기지 않고, 군대는 강했지만 남의 나라를 침범하지 않았다. 풍속이 순후해 길을 가는 이들이 서로 양보하고, 음식을 먹는 이들이 서로 미루며, 남자와 여자가 따로 거처해 섞이지 않으니, 이 나라야 말로 동쪽의 예로운 군자나라가 아닌가? 그래서 나의 할아버지 공자께서 '그 나라에 가서 살고 싶다'고 하셨다."고 전해집니다.

우리나라의 국화는 무궁화입니다. 기원전 4세기 중국의 〈산해경〉에는 조선 전국에 무궁화가 많았다는 기록이 있습니다. 그런데 무궁화의 영어명이 무엇일까요? 놀랍게도 샤론의 꽃(rose of sharon)입니다. 예수님을 상징하는 꽃이지요. 우리 민족은 우리가 아는 이상의 성스러운 민족이 아닌가 하는 기분이 듭니다.

오 필승 코리아!

　세계의 많은 나라들이 한국의 비약적 발전에 놀랍니다. 아시다시피 한국엔 석유도, 희토류 광산 등 돈이 되는 자원이라곤 거의 없습니다. 오직 넘쳐나는 사람밖엔 없습니다. 전 세계 230여 개국 중에서 석유가 나오는 나라가 몇 개나 되는지 아십니까? 104개국이라고 합니다. 쿠웨이트는 전 국토의 90%가 사막이고 한국의 20분의 1 면적밖에 되지 않습니다만 석유가 나옵니다.
　이러한 저주는 우리들의 생활에 직접적인 영향을 미치고 있지요. 최근 몇 년간 합성 비료 값이 10배 가까이 뛰었고 휘발유 가격도 단기간에 2배 이상 급증했습니다. 게다가 세계 900대 핵심기술 중 미국이 45%를 보유하고 있으며 일본이 30%를 보유하고 있는데 반해 한국은 1%도 채 없다고 합니다. 한해 기술 로열티만 약 5조 원 이상이 나가고 있는 셈이지요.
　자원만 없는 것이 아닙니다. 러시아는 우리나라 면적의 77배, 캐나다는 45배, 중국은 43배, 미국은 42배입니다. 인구수도 중국이 14억, 인도가 10억, 미국이 3억, 인도네시아가 2억이지요. 미국을 횡단한 여행자의 이야기를 들으면 동쪽에서 서쪽을 횡단하는데 15박 16일이 걸리고 체중이 5kg 빠졌다고 합니다. 끝없이 펼쳐지는 밀과 옥수수 재배지를 보면 경외감이 들었다고 하더군요. 제가 아는 어느 지인은 서울에서 부산까지 3시간 만에 갔다고 자랑하던 것이 생각납니다.

외국인들이 말하는 우리나라 사람들의 특징을 말씀드려야 할 것 같습니다. 5천 년 역사를 단일민족으로 지켜낸 세계 최고의 끈기를 먼저 들 수 있을 것입니다. 그리고 두뇌 좋은 민족이란 것입니다. 2003년 오스트리아 빈의대는 50개국 국민의 IQ를 비교한 결과 한국인이 2위라고 발표했습니다. 고등학교 1학년생의 문제해결능력 면에서도 한국 아이들이 1위를 차지했었습니다. 한국인의 두뇌는 세계 최고가 입증된 것입니다. 이뿐입니까? 김인수의 〈모방에서 혁신으로〉를 보면 미국 MIT 하버트 교수의 연구결과에서 이스라엘과 한국이 창업가 정신이 세계에서 가장 높다고 했습니다. 이런 결과는 세계 최고의 교육열에서 시작된 것이 아닌가 싶습니다. 그리고 스피드, 조직력, 호기심도 타의 추종을 불허합니다.

호기심을 예를 들어보겠습니다. 여러분도 아시다시피 네이버에 지식검색이라는 게 있습니다. 사실 옆집 숟가락 개수도 알아야겠다고 우기는 게 한국인들 아닙니까? 그러니 지식검색이 나오자 온 네티즌들이 열광을 했지요. 우리나라 사람들의 지적 호기심은 세계가 놀랄 정도입니다. 스피드의 대표적 사례로 반도체 산업을 들어보겠습니다. 반도체 산업은 장치산업입니다. 대표적인 것이 크린룸이지요. 그런데 미국은 크린룸을 짓는데 보통 3~4년 걸리는데 한국은 2년 정도 걸립니다. 이렇게 공장건립 기간을 단축하여 1~2년간

30~40%의 막대한 순이익을 챙기고 가격을 내리는 정책을 써왔습니다. 휴대폰도 마찬가지입니다. 세계 최고의 휴대폰 메이커였던 노키아가 모델변경을 하는데 소요되는 기간이 약 20개월 정도였는데 삼성의 애니콜은 7~8개월이면 신형을 쏟아냅니다. 생산 속도 측면에서도 1초에 핸드폰 한 대를 생산하는 저력을 갖고 있었던 것입니다.

세계 최대의 월마트는 인공위성을 이용한 물류관리를 할 정도의 거대기업이지만 한국에선 철수했습니다. 카르푸도 마찬가지였지요. 한국 사람들의 수준은 글로벌 스탠더드를 넘어서 세계에서 까탈스럽다는 말을 듣습니다. 제가 20여 년 전 민간 기업 연구소에서 있을 때 P&G와 공동개발하는 신제품의 검증에서 한국을 테스트베드로 활용했을 정도로 한국 사람들의 감성과 고객 수준은 최고였습니다.

조직력은 어떻습니까? 2002년 월드컵 때 붉은 악마를 보며 세계가 감동을 했지요. 2008년 촛불집회를 보고 프랑스는 새로운 민주주의가 탄생했다고 했습니다. 한국의 특성상 군대 문화가 많은 영향을 미쳤겠지 하며 생각하시는 분들이 있겠지만 우리의 역사를 돌아보면 생각이 달라집니다. 우리의 역사는 수많은 외침을 지켜낸 국민들 단결의 결과였습니다. 임진왜란 때 무능한 선조가 강화도로 피난가도 곽재우, 류성용 등이 의병을 일으키며 육지에서 항쟁을 했고 바다엔 이순신 장군이 있었지요. 항일운동은 어땠는지요?

이제 우리는 급변하는 21세기의 주인공입니다. 전쟁의 폐허에서 200배 성장한 우리입니다. 가진 게 없다고 투덜댈 것이 아니라 있는 것이 무엇이고 어떻게 강화해야 하는지에 집중할 때라고 생각합니다. 우리는 할 수 있습니다. 해냈습니다. 대한민국 파이팅!

민들레 홀씨 되어

우리는 내재된 외로움에 대한 두려움을 잊기 위해 군중 속으로 뛰어들지만 군중 속에서 더 외로울 수 있습니다. 끝이 있는 터널을 지나는 삶을 살면서 하루하루 나에게 주어진 소중한 시간들을 잘 보내겠다고 다짐하건만 소비하듯 의미 없이 보내고 마는 것도 인생이리라 생각합니다.

회색 시멘트 담 밑 검은색 아스팔트 길 사이로 핀 민들레를 보면서 말을 건넵니다. "많이 힘들겠구나…" 제 인생이란 것도 이와 다르지 않을 거란 생각을 해봅니다. 매일 매일 쏟아지는 사건 사고의 뉴스를 듣다 보면 가슴을 가르고 불쑥 불쑥 고개를 쳐드는 분노와 마주 봅니다. 글을 쓰고, 때론 지인들과 한탄을 하면서 느끼는 결론은 언젠가는 우리의 희망들이 하나하나 이루어져서 지금보단 더 나은 세상이 되겠지 라는 확신을 가져봅니다.

그러나 신의 축복을 받고 태어난 인간인 동시에 저주도 받았기에 음양이 하나로 존재하는 인생의 굴레를 벗어나긴 힘들 것이란 생각을 합니다.

그렇다면 어떻게 살아야 할까요? 어차피 한번 사는 인생 실컷 즐기고 가는 것도 나쁘지 않겠지요. 그러나 우리는 이것만은 아셔야 합니다. 가족이 있다는 것입니다. 자식들이 부모의 뒷모습을 보고 배우며 자신들의 인생을 살아갑니다. 국가 지도자의 뒷모습을 보며 국민들이 살고 있습니다. 자신만의 삶을 살고 간다고 하지만 그 흔적은 몇 세대에 걸쳐 영향을 끼치게 되는 것입니다.

여러분의 DNA를 물려받은 자식, 손주들의 삶이 어떠했으면 합니까?

그 자손들이 사는 나라는 어떤 나라였으면 합니까?

민들레 돌담 밑 아스팔트 사이에 낑겨 기적적으로 태어나 바동거리며 살더라도 그 민들레 홀씨는 바람을 타고 훨훨 날아 더 먼진 곳에서 아름답게 피어날 것입니다. 스스로를 망가뜨리며 희망 없이 살다가 죽으면 이 세상에 오지 않은 것만 못한 것이 인생입니다. 자신만 허무한 것이 아니라 자손들도 허망한 삶을 살 수밖에 없습니다. 그게 자연의 이치지요.

왜 희망은 밑에서 솟구치는가!

　　1991년 영국 런던에서 마돈나, 비욘세, 레오나르도 디카프리오, 데이비드 베컴 등 유명한 스타들이 무료로 표지모델을 자청한 〈The Big ISSUE〉라는 잡지가 창간되었습니다. 잡지의 천국 영국 런던에서 일주일 만에 15만 부 이상이 판매되고 전 세계 10개국 14개 도시에서 100만 명이 넘는 독자를 확보한 유력 잡지로 부상한 이유가 무엇이었을까요?

　　이 잡지는 노숙자들의 자활을 돕는 자원봉사자들이 출판하고 유통하는 잡지였습니다. 톱스타들이 재능기부를 통해 무료로 표지 모델을 하고 이 잡지의 판매 독점권이 노숙자들에게만 주어집니다. 한국 돈으로 3천 원 정도이고 한 권당 1,600원 정도가 노숙자에게 수익으로 남는다고 합니다. 이 잡지로 인해 영국에서만 5천여 명의 노숙자가 자활에 성공했다고 합니다.

　　공동창립자인 고든 로딕과 존 버드는 노숙자들이 생긴 것은 사회 시스템의 문제이기에 이들이 구걸이 아니라 일을 통해 사회인으로 복귀할 수 있도록 돕는 것이 사회의 책임이라는 것이었습니다.

2001년 왜 부자들은 죽을 때도 세금을 내야 하냐며 상속세 폐지 공약을 내걸고 당선된 부시 대통령에게 빌 게이츠와 워렌 버핏은 자신들의 재산 99%를 환원하겠다며 거부의사를 밝혔습니다. 많은 부자들이 빌 게이츠를 사회주의자로 변절했다고 비난했지만 빌 게이츠는 선택받은 몇몇의 소수가 출발선 앞에서 한참 앞서 달리는 것은 불공평하다며 "사회주의를 하자는 게 아니라 자본주의를 지키자는 것이다"라고 응수했습니다. 그의 아버지도 "우리는 부자를 없애려는 것이 아니라 부자를 계속 배출할 수 있는 견고한 자본자의 사회를 만들려는 것이다"라며 자식의 의견을 응원했지요. 미국이 세계 최고의 선진국이 된 저력을 보는 순간이었습니다.

매일 매일 뉴스를 듣다 보면 하늘과 땅 사이에 악(惡)으로만 가득 찬 것 같지만 이렇듯 훈훈한 사랑의 이야기들은 세상 곳곳에서 희망이라는 꽃으로 싹을 피우고 꽃이 되고 향기가 되어 악(惡)의 힘에 굴복하지 말고 당당히 맞서 전진하라는 응원가(歌)라는 생각이 듭니다.

"시대가 아무리 마음에 안 들더라도
아직은 포기해선 안 된다.
세상은 결코 저절로 좋아지지 않는다"

- 에릭 홉스봄 -

길은 뒤에서 생긴다

먹는다는 말은 보통 음식이라는 단어와 함께 쓰입니다. 그런데 우리나라 한글은 나이와 마음, 욕에도 먹는다는 동사를 사용합니다.

왜 먹는다는 동사를 사용할까요?

먹는다는 것은 성장과 관계있습니다. 나이, 마음, 욕을 먹는다는 것은 사람을 성장하게 하는 영양소이기 때문이 아닐까요? 우리 조상들은 참 현명하고 철학적이었던 것 같습니다.

'길은 뒤에 생긴다.'는 말이 있습니다. 앞서가는 사람들은 길이 없는 곳을 가야 할 때가 많습니다. 우리 젊은이들은 선배들을 지나간 세대라고 말하지만 선배들 없이는 후배도 없습니다. 살다보면 가장 아플 때가 후배에게 아픈 말을 들었을 때입니다. 흔히 하극상이라고 말하지요. 하극상이란 말은 매우 부정적인 말인데요. 그 이유는 당해보면 그것만큼 아픈 것이 없기 때문입니다. 선배들에게 혼나는 것은 충분히 감수할 수 있지만 후배에게 당하는 것은 죽을 만큼 아픈 수모입니다. 지금은 젊음이지만 머지않아 그 젊음도 지나가지요. 온정 있는 세상은 선배들의 노고를 존중해주는 세상을 말합니다.

저도 젊은 시절 선배들이 닦아놓은 길을 부정하기도 했지만 지나보니 결국엔 그 길의 한가운데를 걷고 있다는 것을 알고 숙연해지곤 합니다. 과거 없는 현재가 있을까요. 이 글을 페이스북에 올렸더니 어느 선배께서 맛있게 먹자고 하십니다. 역시 선배님들은 다르더군요. 오늘도 선배님들께 감사드리며 하루를 마무리합니다.

선배 고마워!!!

힘 빼는 법

　　오늘 아침 오랜만에 골프 연습장에 다녀왔습니다. 자주 할 수 있는 운동은 아니지만 묘한 매력이 있는 운동입니다. 움직이지 않고 가만히 잔디 위에 멈춰있는 공을 작대기로 정확히 맞추지 못하는 열받는 심정이 매력을 키우는 데 한몫 합니다. 어느 교수님은 라운딩 도중에 자신의 플레이에 만족하지 못하고 흥분하여 클럽을 분질러 버렸다는 황당한 이야기도 있을 정도로 골프는 마니아들을 꾸준히 만들어 내는 운동입니다.

　　10여 년 전 회사 건물 내에 연습장이 생겨서 호기심으로 배우기 시작할 때 강사가 처음 한 말이 "힘 빼고 스윙하는데 보통 3년 걸리는데 손님은 조금 감각이 있어 보이니 기대가 되네요"였습니다. 그렇게 어설프게 사기를 당하고 아직도 어깨에 힘을 못 빼고 10여 년을 땅을 팠습니다. 많은 골퍼들이 저와 비슷한 칭찬과 격려에 깊은 수렁으로 빠졌던 경험이 있을 거라고 생각합니다. 제 주위엔 골프 신동 투성이었으니까요.

　　테니스, 축구, 농구, 볼링, 탁구, 배드민턴... 운동을 하다 보면 힘을 빼야 공에 힘을 잘 전달할 수 있습니다. 그 남아도는 힘을 빼는데 3년 이상씩 걸리다니요.

남들은 저에게 아직도 힘이 많이 남아있다고 하지만 나름대로 힘을 빼고 보니 느낌이 온다고 할까요. 힘을 빼는 방법은 교과서에 나오는 데로 아주 기본적인 자세를 취하되 아주 천천히 움직이는 것입니다. 아주 천천히 움직이며 괘도에 집중하다 보면 힘이 전달되는 메커니즘을 이해하게 됩니다. 그리고 이제 와서 느끼는 것은 말 그대로 힘이 있어야 힘을 뺄 수 있다는 겁니다. 운동마다 필요한 근육의 종류가 다르기에 그 운동에 관여하는 새로운 근육을 만드는, 힘이 들어가는 과정이 처음에는 필요하다는 겁니다. 그래서 지금에 와서 많이 아쉬운 것은 처음 배울 때 기본 메커니즘인 괘도를 몸에 기억시키는 꾸준한 강습을 받았더라면 지금보다는 일찍 힘도 뺐을 테고 엄한데 힘과 비용을 허비하지 않았을 텐데 하는 아쉬움이 듭니다. 모든 운동이 다 그렇겠지만 말이죠.

며칠 전 후배가 저에게 하소연하더군요. "아이들 가정교육을 어떻게 해야 할지 모르겠어요. 칭찬하고 격려하면서 물 흐르듯 살면서 교육하라고 하지만 말처럼 쉽지 않네요"라고 말이죠. 저는 운동의 힘 빼는 이야기를 해줬습니다. "세 살 버릇 여든까지 간다"는 것도 세 살까지 기본예절과 태도를 가르쳐 주어야 죽을 때까지 물 흐르듯 살 수 있다는 것이며 아주 어렸을 때에는 수시로 엄한 교육이 필요하다고 말입니다. 엄한 교육이란 것은 체벌만을 말하는 것이 아니라 아주 진지한 분위기에서의 교육을 말합니다.

참고로 진지한 분위기에서의 교육에 대해 저의 경우를 이야기

드리겠습니다. 아이들이 말을 알아듣기 시작할 때부터 효과를 볼 수 있는 방법입니다. 아이가 잘못된 행동을 하면 부모의 두 무릎 안에 아이들을 감싸 앉히고 움직이지 못하게 하면서 두 손으로 아이의 얼굴을 잡고 진지하게 말하는 것입니다. 아이들은 두 눈을 마주보고 진지하고 엄중하게 말을 하면 대부분 알아듣기 마련입니다. 조금 자라서 초등학교까지는 회초리를 들기도 했습니다. 단 서로 동의하에 했습니다. 몇 번의 경고와 약속을 어기면서 잘못된 행동이 반복되면 아이와 단둘이서 대화를 합니다. 대화의 시작은 권리와 의무로 시작합니다. 개인의 권리는 의무를 바탕으로 보호받을 수 있다는 것을 분명하게 말해줍니다. 그리고 이러 저러하게 의무를 지키지 못한 것에 동의하는지 물어봅니다. 동의한다면 어떻게 책임을 질 것인지 물어봅니다. 아이가 대안을 못 찾고 한참을 머뭇거린다면 회초리로 정신을 차릴 수 있도록 도와주겠다고 제안하는 것입니다. 언젠가 막내 녀석이 "말로 해도 될 것을 왜 때리느냐"고 울면서 말하는 것을 듣고 느끼는 바가 있어서 다른 방법을 발명해 내기도 했습니다. 지금 제 막내 녀석은 컴퓨터 게임 중지 벌칙을 몇 달째 받고 있습니다. 지금까지 힘 빼고 교육하는 방법을 알려드렸습니다. ㅎㅎㅎ

몸뚱어리 챙기기 1

어리가 밑천이라는 말이 있습니다. 건강해야 남들보다 조금 더 움직일 수 있고 자신감도 더 갖게 되는 것 같습니다. 기업을 운영하는 사장님들을 보면 매출이 건강에 비례한다는 말을 확인할 수 있습니다. 몸이 아픈 경우에 만사가 귀찮은 것을 누구나 경험으로 알듯이 직장 동료들을 보면 체력이 좋은 사람이 활기차고 긍정적인 경우가 많습니다. 활력이 넘치는 사람은 당연히 일의 성과도 좋고 인간관계도 적극적입니다.

가정에서도 확인할 수 있습니다. 저는 두 사내놈을 키우고 있는데 왜소하게 태어난 막내아들 녀석은 체력이 약한 것 때문에 항상 걱정입니다. 아기 때 우유를 먹는 양도 상대적으로 적었습니다. 그래서 그런지 지금까지도 잠도 많고 체력이 약합니다. 그러나 체력만으로 삶이 결정되진 않습니다. 일본 경영의 신이라 불리는 마쓰시다 고노스케는 어려서부터 허약한 체질로 태어났지만 건강에 더욱 더 신경을 쓰며 살았기에 95세까지 건강하게 천수를 누렸습니다. 반대로 자신의 건강만 믿고 몸을 함부로 대하면 제명도 못사는 것이 다반사입니다. 건강은 스스로 지키는 것이겠지만 타고나는 것도 분명합니다. 아이를 가질 때 부모의 건강 상태가 많은 영향을 미치기 때문에 아이를 건강하게 잘 키우고 싶다면 본인 건강부터 잘 챙겨놔야 합니다. 요즘 건강 관련된 기능성 식품도 시중에 많이 있습니다. 그러나 전문가들은 부족한 성분을 보충하는 정도이지 병을 고치는 약이 아니라고 합니다. 적당한 운동과 골고루 음식을 섭취하는 것이 최고라고 합니다. 그리고 무엇보다 '건전하고 긍정적인 마음 상태'를 유지하는 것이 중요하다고 말합니다. 면역을 높이는 것입니다.

'사람들이 서로의 마음을 볼 수 있다면 영웅은 존재할 수 없다'는 말이 있습니다. 누군가의 마음을 눈치 챈다는 것이 실은 자기 자신의 마음이 상대방이라는 거울에 비친 상태라는 것입니다. 그래서 싫다는 것이 상대방에게서 나의 단점이나 내가 극도로 조심하는 행위를 보았기 때문입니다. 결국 건강을 유지하려면 평정심을 유지하는 마음 수련이 가장 우선되어야 합니다. 도를 닦듯 살아야 하는데 쉽지가 않습니다. 그래서 성현들은 '내 탓이요.'라는 화두를 마음에 새기고 살아가라 합니다. 그래야 절반이라도 건질 수 있는가 봅니다.

몸뚱어리 챙기기 2

　　급격한 산업화의 그늘로 인해 많은 현대인들이 예전과는 다르게 부자병을 앓고 있습니다. 부자병이란 많이 먹고 적게 움직여서 생긴 병을 말합니다. 오늘 아침 뉴스를 듣다 보니 유산균을 많이 섭취하라고 합니다. 유산균이 몸에 좋다는 말은 워낙 많이 들어서 알고 있었습니다만 많이 듣고 배운다고 행동에 옮겨지는 것은 아닙니다. 인디애나대 김석진 교수는 유산균 예찬가입니다. 그분이 저술한 〈내 몸의 유익균〉을 읽다보면 유산균에 대한 애착을 더욱 더 갖게 됩니다. 현재 지구상에 살고 있는 인구는 약 70억 명입니다. 그러나 사람 한 명의 몸에 살고 있는 세균 수는 약 100조 개가 넘는다고 합니다. 내 몸에 있는 세포보다 열 배나 많은 다른 생명체가 살고 있다는 것으로 무게만 해도 1kg이 넘는 규모입니다. 18세기 현미경의 발명으로 인간은 세균의 존재를 알게 되었습니다. 19세기엔 과학의 발달로 세균이 감염질환의 원인이란 것을 알게 되었고 20세기 들어 발견된 항생제는 질병에서 인간을 구원하는 슈퍼스타로 여겨졌습니다. 우리 몸에는 좋은 균과 나쁜 균이 공생하고 있습니다. 그러나 방부제, 항생제는 말 그대로 균을 구별하지 않고 죽이는 약물입니다. 더군다나 내성을 가진 균만이 살아남고 변종되어 새로운 균으로 진화하고 있습니다. 이러한 이유로 류마티스염, A형 간염, 볼거리, 홍역, 결핵 감염질환은 급격히 줄었지만 다발성 경화증, 크론병, 일형당뇨병, 천식, 아토피라는 새로운 질환이 급격히 증가하고 있는 것입니다. 최근 항생제 남용을 제한하는 법규가 실행되고 있지만 제약회사가 생산하는 항생제의 많은 부분이 동물에 사용되어 인류가 간접적으로 항생제를 섭취하고 있다는 것입니다. 방부제가 들어있는 가공식품, 섬유질이 부족한 식단, 오염물질, 항생제를 비롯한 다양한 화학약품이 우리 몸의 환경을 파괴하고 있습니다. 1983년 미국에서 발표된 논문에 의하면 유익균인 락토바실러스 플란타룸(Lactobacillus plantarum)이 미국인의 25%에서만 발견되었다며 현대인의 장에는 유익균의 수가 감소하고 유해균의 수가 증가하고 있다는 것입니다. 이러한 연구 결과를 바탕으로 프로바이오틱스(Probiotics)가 주목받기 시작했습니다. 프로바이오틱스란 체내에 들어가서 건강에 좋은 효과를 주는 살아있는 균을 말하는 것으로 프로바이오틱스 시대의 진정한 개막은 파스퇴르가 세상을 떠난 지 약 10년 후 그의 연구소에서 있던 메치니코프와 헨리티셔에 의해 시작되었지만 항생제의 그늘에 가려 빛을 보지 못했던 것입니다. 이 유익균은 김치, 요구르트, 치즈 등 발효식품에 풍부합니다. 아토피, 음식 알레르기, 비염, 천식과 같은 질환이 증가한 이유 중 가장 설득력 있는 가설이 위생설입니다. 유아시절 균과 접촉할 기회가 줄어들면 몸의 면역체계가 약해져 균에 과민 반응을 보이게 된다는 것으로 1976년 캐나다 제라드 교수는 〈알레르기학회연보〉에서 시골 사람들이 도시 사람들에 비해 알레르기 질환에 걸릴 확률이 낮은 이유가 위생설에 근거한 것이라고 했고 2011년 크레이머 교수는 독일, 스위스, 오스트리아에 사는 시골 아이들이 천식에 덜 걸리는 이유가 동일한 이유였다고 발표했습니다. 이 이유를 이해하기 위해서는 유익균이 장내에서 어떻게 유해균과 생존 경쟁을 벌이는지 알아야 합니다. 보통 장내 유익균은 불규칙한 표면을 가진 장 내 세포 돌기의 틈새에 먼저 자리를 잡고 살면서 유해균이 달라붙을 장소를 없애고 유해균에 필요한 영양분을 먼저 소모하여 유해균의 성장을 억제합니다. 예를 들어 태아는 엄마의 몸 안에서 무균상태로 성장하고 출산 시 처음 양수가 터지면서 처음 접촉하는 균이 엄마의 몸속 유익균입니다. 태아는 자연스럽게 이 유익균을 몸속에 받아들이게 되는 것입니다. 그런데 제왕절개를 하면 이렇게 유익한 균이 몸에 정착할 기회가 박탈되고 보통 대기 중의 유해한 균이 먼저 몸속에 정착하게 된다는 것입니다. 어른들도 마찬가지입니다. 항생제를 오랫동안 먹었거나 장염 등으로 장 속에 유익균들이 감소한 다음에 장 내에 유해균들이 번식할 가능성이 많으므로 유익균을 습관적으로 먹어야 한다는 것입니다. 아울러 비타민, 미네랄을 잘 섭취해야 합니다. 최근에 토양의 산성화와 비료를 사용하는 비닐하우스 재배가 일상화 되어 농약의 위험성은 물론이고 음식물 속에 미네랄 함량이 부족해서 인체에 심각한 영향을 주고 있다고 합니다. 가장 좋은 것은 신선한 제철 야채와 과일, 생선을 골고루 섭취해야 합니다. 설탕은 두 가지 종류로 크게 나눕니다. 정제된 외세포 설탕인 일반설탕과 과일이나 채소에 있는 내세포 설탕이 있습니다. 이 내세포 설탕이 사람의 몸이 꼭 필요로 하는 당분을 함유하고 있는

데 이러한 설탕, 당 영양소들을 일컬어 '복합탄수화물'이라고 부릅니다. 최근에 와서 이 당 영양소들의 기능이 밝혀졌습니다. 몸의 신진대사뿐 아니라 몸의 구조를 이루는 데 필수라는 것입니다. 요즘 의학계, 생명공학계에서 가장 각광받는 것 가운데 하나가 줄기세포입니다. 줄기세포는 인체의 모든 세포로 분화되는 원천 세포로서 적절한 위치에 주입하면 필요로 하는 다른 세포로 발전하여 손상된 부분을 수리하는 기능을 합니다. 그런데 당 영양소가 줄기세포를 사람 몸속에서 증가시킨다는 연구결과가 나온 것입니다. 레그 맥다니엘 박사는 환자에게 당 영양소를 1주일간 공급한 결과 혈액 속에서 1마이크로 리터당 200~400개의 줄기세포가 생성된다는 것을 발견했습니다. 이는 5천~1만 개의 백혈구를 생산할 수 있는 분량에 해당합니다.

영원한 사랑

뭇 남성들의 마음을 사로잡을 만큼 아름다운 외모의 연예인이었던 서모 씨가 개그맨 서모 씨와 결혼에 골인했던 이야기와 예쁘게 알콩달콩 살아가는 모습은 많은 남자들에겐 로망스로 남아있었습니다. 그러나 최근 이 두 분들의 불미스런 이야기가 화제가 되고 있습니다.

첫 눈에 반해 헤어지면 죽을 것처럼 불꽃 튀는 사랑을 했던 사람이더라도 그 사랑의 감정이 영원한 경우는 없습니다. 코넬대학교 인간행동연구소가 5천 명을 대상으로 2년간 실시한 연구에 따르면 사랑이란 감정이 지속되는 기간이 짧으면 15개월 길어야 30개월이라고 발표했습니다.

제가 결혼을 결심하던 때 선배들이 '부부는 사랑을 넘어 정(情)으로 사는 거'라고 말씀하셨던 그 이유를 잘 몰랐었습니다. 그러나 그 말을 이해하는 데는 얼마 걸리지 않았습니다. 일단, 서로 다른 환경에서 30년 가까이 살았기에 생각이 서로 다릅니다. 그리고 서로 다투는 일의 대부분이 당사자들과 상관없는 주변의 일들로 인해 발생합니다. 예를 들면 아이 교육 문제, 경조사 문제 등이죠.

이렇듯 대부분 갈등의 시작은 작았음에도 작은 다툼으로 시작했다가 큰 싸움으로 번지는 경우가 많습니다. 서로의 자존심에 상처를 주는 말들이 큰 싸움의 대표적인 원인입니다. 예를 들면 "돈이나 많이 벌어오면서 그러든지.", "이 녀석이 당신 닮아서.", "당신 부모님 말야.", "옆집 남자는 말야."라는 말들은 아주 치명적인 결과를 가져옵니다.

우리는 왜 서로가 없으면 죽을 것처럼 사랑했음에도 이렇게 상처를 주는 말들을 했을까요? 그 이유는 서로를 다 알고 있다는 착각 때문입니다. 아이들의 경우도 자신의 고민거리를 부모에게 말하는 경우는 10%가 되지 않았습니다. 가장 잘 아는 사람에게서 들은 비난은 다른 사람에게 들은 것보다 몇 배 더 큰 상처로 남습니다. 가정은 인생을 살아가면서 가장 힘들 때, 마지막에 돌아갈 장소임에도 더 이상 최후의 보루마저 없어졌다는 상실감은 극한 좌절과 분노를 가져옵니다.

혜민스님의 말씀처럼 인간 간의 관계는 난로와 같아서 너무 가까이 다가서면 화상을 입을 가능성이 100%입니다. 사회생활뿐 아니라 가정에서도 마찬가지입니다. 부모와 자식 간 조차도 예의(禮義)라는 안정망이 필요합니다.

이 세상에 우리가 믿는 영원한 사랑은 있을 수 없다고 생각합니다. 모든 종교에는 죄와 벌, 지옥과 천당이 있습니다. 신(神)은 민족을 편애하기도 합니다. 세계적 철학자 비트겐슈타인은 언어가 우리의 사고를 제한한다고 했습니다. 이렇듯 우리가 믿는 사랑이란 단어도 현실에서 있을 수 없는 것을 개념화시켜서 우리들에게 많은 다툼과 갈등을 주는 것이 아닌가 싶습니다. 예를 들어 "당신 나 사랑해?"라고 물었을 때 30개월이 지났다면 "유효기간 지났어"라고 당당하게 말씀하셔야 합니다. 제가 지금 싸움을 부추기고 있는 건가요? ㅎㅎㅎ

그 놈이 설마

　　부모님들이 어린 아기들에게 가장 먼저 가르치는 말들 중에 '도리도리'가 있습니다.
　　현담스님은 인간된 도리, 부모 된 도리, 자식 된 도리, 부부간 도리, 제자의 도리, 리더의 도리 등 '도리'를 알고 지켜야 사람이기 때문이라고 합니다.
　　저는 이것이 아이들에게 뇌 운동을 시킨 우리 민족 고유의 운동이라고 알고 있습니다만 어쨌든 그럴듯하지요? 아울러 모든 중생이 전생에 부모형제 아닌 적이 없다는 스님의 말씀을 듣는 순간 최근에 제일 미워했던 놈이 생각났습니다.

　　　　'그 놈이 설마?!'

"사람은 믿음의 대상이 아니야, 사랑해야 할 대상이지."

- 미 상 -

종교의 힘

　제 아버님은 3년을 간경화로 고생하시다가 이 년 전 봄꽃이 피는 것을 미처 못 보시고 돌아가셨습니다. 돌아가시기 전 3개월간 요양병원에서 투석 치료를 받으시며 고생하셨습니다. 집에서 누워계시며 병간호를 하셨던 어머님도 힘에 겨워하시기에 자식 된 도리로 따지면 마음에 큰 죄책감을 느꼈었지만 장남인 제가 요양병원으로 모시는 것을 결정했었습니다.

　병세가 악화되어 돌아가실 때쯤 아버님께선 제게 처음 들어보는 가족사를 말씀해주시곤 했습니다. 제게 모든 것을 주시고 가시려 했던 것 같습니다. 아버님 건강이 급속히 악화될 무렵 부모님께서는 평소에 절에 다니셨기에 편히 가실 수 있도록 불경인 '천수경'을 틀어드렸습니다. 그냥 자식으로서 편히 가시도록 돕고 싶은 간절한 마음뿐이었습니다. 가족을 남겨두고 혼자서 요단강을 건너실 때 얼마나 외롭고 두려우실까 하는 생각뿐이었습니다. 그런데 가쁘게 몰아쉬던 숨이 갑자기 잔잔해지고 아주 편하게 운명하셨습니다. 돌아보면 고인께서 조금이나마 의지하셨던 종교에 맞추어 마지막 가시는 길에

도와드리는 것이 큰 힘과 위로가 되는 것 같습니다.

장례를 치르는 동안 조문객들의 위로에 "제 아버님께서 고생은 하셨지만 아주 평화롭게 돌아가셔서 행복합니다"라고 진심으로 말씀드렸습니다. 임종하시는 모습이 그렇게 보였기 때문입니다. 화환을 보내주신 분들께는 "고인 가시는 길에 꽃잎 뿌려주셔서 감사합니다"라고 감사드렸습니다. 화환의 꽃잎들이 아버님 가시는 길에 예쁘게 뿌려진 모습이 상상되었기 때문이었습니다.

어머님과 친지 가족 분들께도 울지 마시고 이젠 고생 끝에 편한 곳에 가셨으니 기쁘게 축하해달라고 했었습니다. 장례식 마지막 날 영정과 한 줌의 재를 가슴에 앉고 그리워서 울었지만 그 날을 제외하곤 울지 않았습니다. 인생을 성공한 아버님을 축하해드리고 싶었습니다. 믿는 자에게 복이 있다는 말이 있지요. 그렇게 믿으니 얼마나 행복하게 고인을 보내드렸는지 모릅니다.

어느 여자 분께서 법륜스님께 돌아가신 어머님을 위해 극락천국 가시라고 일주일마다 한번씩 7주간 제사를 드리는 49제를 정성껏 드렸는데 아직까지 어머님께서 자꾸 꿈에 나타나신다며 마음이 불편하다고 했습니다. 그러면서 극락이 정말 있는지 궁금하다고 질문을 했습니다. 그러자 스님께선 "믿는 자에게 복이 있나니, 천국이 너의 것이니라"라고 대답하셨습니다. 그 여자 분께선 약간 당황하면서 "스님 그건 목사님들이 하는 말씀이잖아요"라고 되묻자 극락이 있는지 없는지 따지지 말고 극락에 가셨다고 믿으라고 대답하셨습니다. 지옥에 가셨다고 믿는다면 당신 속이 편하겠냐며 "믿는 자에게 복이 있나니"의 말뜻을 알려주셨습니다. 결국 믿는 사람은 마음이 편해져서 자연스럽게 복이 온다는 것입니다. 믿는 자에게 복이 있다는 말은 다 마음에 달렸다는 뜻과 같은 말입니다.

"기적이 없다면

기적이라는 말도 없을 것이다"

- 헬렌 켈러 -

다리가 되어

오늘 하루 힘드셨죠?

저도 상담도 하고 중소기업체 방문도 하고 전화도 이곳저곳 하면서 바쁜 하루를 마감했습니다. 그러나 경기가 좋지 않아 일자리를 찾고 있는 분, 다니는 직장이 마음에 안 들어 고민이 많으신 분, 건강에 문제가 생기신 분, 실연을 하신 분, 싸움을 하신 분, 배고픈 분... 우리 주위에는 참 많은 아픔을 안고 살아가는 사람들을 생각하면 바쁜 하루를 보냈다는 것도 배부른 이야기를 하는 것 같아 조심스럽습니다. 세상을 살아가면서 매일 매일 행복하기만 한 사람이 어디 있을까요. 매일 매일 아픔만 있는 사람이 어디 있을까요? 그렇게 아픔과 행복이 교차하면서 물 흐르듯 사는 것이 세상사는 거지요.

퇴근길에 라디오를 틀었더니 싸이먼앤 가펑클의 〈험한 세상 다리가 되어〉가 흘러나옵니다.

제가 하는 일이 거창하게는 중소기업, 벤처기업들에게 성공할 수 있도록 컨설팅, 자금지원, 기술지원 등의 업무입니다. 그러나 현실에선 버틸 수 있도록 작은 응원이라도 되었으면 하는 바람입니다.

문득 이렇게 자신들의 꿈을 위해 고생하시는 분들에게 '다리'와 같은 사람이 되고 싶다는 생각이 간절해집니다. 지진과 태풍에도 끄떡없는 '다리'가 되고 싶다는 생각을 하다 보니 절로 에너지가 솟는 것을 느끼게 됩니다. '아! 태어나서 죽기 전까지 누군가에게 다리가 되어주는 삶을 살 수 있다면 얼마나 가치 있는 삶이겠습니까.'

집으로 돌아가는 길이기에 가족에 대해서도 생각해 봅니다. 이 세상에서 서로에게 든든한 다리가 되어줄 수 있는 최소한의 단위가 가족이 아닐까 싶습니다. 서로의 단점을 다 알면서도 이해하며 아껴주는 가족은 밖에서 깨지고 터져서 돌아온 서로를 유일하게 아무 대가 없이 보듬어주는 서로의 다리인 것입니다. 퇴근 후 오랜만에 아내와 자전거를 타며 데이트를 해 볼까 합니다!

"지금 행복하라.
과거와 미래의 행복은 허상이다."

"아름다운 것들의 공통점은
사라진다는 것이다."

물 흐르듯

요즘 들어 세상사 내 맘대로 되는 것은 일부라는 걸 깨닫게 됩니다. 강에서 물을 거슬러 오르려 안간힘을 써봐야 힘만 더 빠집니다. 오히려 물살에 몸을 맡기고 가까운 물가로 가야 하지요. 강물을 원망해봐야 바보같은 짓입니다. 강물은 중력이라는 하늘의 뜻대로 움직일 뿐입니다.

아프고 힘들 때 미래를 잘 예언하는 분들에게 찾아간 적이 있습니다. 안개 저 너머를 보고 싶은 불안감에 말이죠. 돌아보면 기가 막히게 과거, 현재와 미래를 맞추더군요. 운명이란 게 있다는 것을 확신하게 됩니다. 중력처럼 말입니다. 그리고 나는 다른 사람들과 다를 것이란 오만함을 반성해 봅니다. 나보다 더 아픈 사람들이 지천에 많음에도 행복함보단 부족함에 불행을 느끼기 때문입니다. 부족함이 발전의 원동력임을 남에겐 위로하면서 스스로에겐 위로가 되질 않는 것도 삶의 본질이겠죠. 행복과 불행을 스스로 자초하는 삶의 본질 말입니다.

다시 한 번 힘을 내봅니다.

오늘은 어제 내가 만든 것이니 내일을 위해 오늘을 바꿔보렵니다.
모두들 함께 파이팅!

"무엇이든 적게 먹고
적게 쓰는 것
이것이 가장 자연적인 삶이기도 합니다"

- 성전스님 -

바다와 같은 사람

바닷물이 왜 짤까요?

옛날 동화에선 소금을 만드는 맷돌이 바닷속에 빠져서 그렇다고 들었습니다. 그러나 현대 과학에선 물이 개천과 강을 지나갈 때 주위 흙 속과 식물들의 무기 미네랄들을 물속에 녹여서 운반하다가 바다에 다다르고 오랜 시간 미네랄들이 바닷물 속에 쌓이다 보니 염분이 많은 상태가 된다고 합니다.

어려서부터 바다와 같은 가슴을 가지라는 말을 자주 듣고 자랐습니다. 바다와 같은 가슴은 넓은 아량을 가지라는 뜻일 겁니다. 그러나 저는 한 가지 더 보태고 싶습니다.

무수히 많은 물길을 지나면서 경험하고 얻은 풍부한 미네랄을 다 담은,

세상의 많은 시련들을 조화롭게 담고 있는 의연함을 가지라는 것이죠.

바다는 일희일비(一喜一悲) 하지 않습니다.

바다는 묵묵히 담아내고 하찮은 것들은 물 위로 띄워버립니다.

바다는 구경의 대상이 아니라 존경의 대상입니다.
우리 부모님들은 바다를 닮았습니다.

'지식과 지성의 차이는 아픔의 깊이 만큼이다.'

진상은 되지 말자

'고객은 왕이다.'라는 말이 마케팅의 정설로 고착되었습니다만 그 이면에는 감정노동자들의 눈물이 넘쳐나고 있다고 김태흥 감정노동 전문가님이 말씀하십니다. 흔히 '진상' 떠는 고객들을 어렵지 않게 만날 수 있습니다.

이들의 공통점이 뭔지 아세요?

자존감에 상처를 받았거나 서열경쟁에서 진 사람들이 조직 밖에서 '진상'이 된다는 겁니다. 조직에선 서열이 최하위이지만 왕처럼 모시겠다는 말에 화풀이 하듯 행동한다는 겁니다. 동창회 등 모임에서 잘난 척 떠드는 사람들도 이런 부류일 수 있다네요. 저도 다음 모임부턴 입 다물고 조신하게 있어야겠어요.

서비스 산업이 발전하는 지금, 감정노동자들이 많아지고 있습니다. 콜센터 직원들만 생각하시면 안 될 것 같습니다. 아름다운 비행기 승무원 등 고객과 직접 만나는 업을 하시는 모든 분들을 총칭하는 말입니다. 이분들이 감정을 참느라 우울증 등을 심하게 앓고 있다고 합니다. 앞으로 '진상'이 되지 말자 다짐해 봅니다!

후회하지 않겠어?

　　귀찮거나 주저스런 순간에 결정을 내려야 할 때를 많이 경험합니다. 친하진 않은데 청첩장을 받았을 때 가야 하나 말아야 하나 하는 경우처럼 말이죠. 그럴 때 어떤 결정을 내릴지 주저하다가 나중에 후회를 하는 경우를 경험합니다. 그래서 몇 년 전부터 기준을 정했습니다. 나중에 조금이라도 후회할 것 같으면 행동을 해야 한다는 기준을 만들었지요. 후회하지 않을 자신이 있을 땐 남들의 결정에 편승하지 않고 상관하지 않습니다.

　　사람 노릇하며 살기 힘든 지금, 그러나 남의 말에 휘둘리며 살다보면 정작 자신을 무시학고 학대하는 결과를 가져오게 됩니다. 지금의 그늘은 과거 그 누군가가 심어놓은 나무 때문이라죠. 나중에 후회하지 않으려면 지금 움직여야 합니다.

　　아침에 눈을 뜨기 힘들 때도 저 자신에게 물어봅니다. '너 후회하지 않겠어?'라고 말이죠. 아이들 깨울 때도 사용해보니 효과가 크더라구요.

　　게으름으로 갈등이 솟아오르는 순간 또 물어봅니다.
　　"너 후회하지 않겠어?"

착하면 복 받는 이유

고등학교 시절 자율학습을 끝내고 집으로 돌아가는 길이 짧지 않았음에도 가끔 걷곤 했습니다. 대부분 버스를 타거나 자전거를 타기도 했지만 걸어 다니며 경험했던 것들이 추억으로 남아 있습니다. 지금은 아파트 단지마다 학교가 있어서 매우 가깝지만 80년대엔 시, 도에 학교가 그렇게 많지 않았습니다. 제가 사는 수원시만 하더라도 10개가 채 안 되었던 것으로 기억합니다. 그 당시 아주 빠른 걸음으로 걷다보면 학교에서 집에까지 한 40분 정도가 걸렸던 것으로 기억납니다. 빨리 가기 위해서는 도심을 가로질러 골목길을 가야 했습니다. 가로등도 지금처럼 많지 않아서 어두운 곳이 많았습니다. 짙은 어둠이 드리워진 좁고 눅눅한 골목길을 걷다보면 머리카락이 쭈뼛해지는 무서운 경험을 하곤 했습니다. 아기 우는 소리를 산발적으로 내고 있는 고양이의 안광(眼光)과 마주칠 때나 어떤 알 수 없는 남자가 쫓아오는 것 같다는 한기를 느낄 때면 오싹한 기분에 닭살이 돋곤 했습니다.

어둠은 많은 것을 가리고 정체를 알 수 없게 합니다. 장애물이나 숨어있는 무언가를 미리 알아차릴 수 없습니다. 가시광선이 반사된 물체만 인식할 수 있는 눈을 가진 사람이 가장 싫어하는 상황이 조성되는 것입니다. 동물들은 초음파나, 적외선 등으로도 물체를 보고 아주 민감한 후각으로 아군과 적군을 구별해 내지만 사람은 빛이 없으면 제대로 몸도 가눌 수 없습니다. 최근엔 내비게이션이란 기계가 없으면 집으로 돌아갈 수 없는 사람도 늘어나고 있습니다.

영화를 보면 악마는 어두운 화면에만 등장합니다. 자신의 얼굴을 환한 햇볕에 고스란히 보여주는 경우가 거의 없지요. 그래야 악마다우니까 그렇겠지요. 가끔은 악마가 더 멋있어 보이는 적도 있습니다. '신은 왜 악마를 만들었을까?' 하는 자문을 하곤 했습니다. 제 생각은 악마는 인간이 만들었다고 봅니다. 인간 스스로가 선과 악의 경계를 긋고 불편한 것들을 악의 경계선 안으로 밀어 넣다 보니 지금 우리들이 생각하는 악마가 만들어진 것이 아닌지요? 악마와 같은 사람들이 그 경계 밖에서 착한 사람의 모습을 하고 있는 경우가 허다합니다. 악마와 천사의 경계가 있긴 한 건지 헷갈리는 이유입니다. 선한 경계 안에 있는 대표적인 종교계 등에서 수많은 선행을 했던 지도자들이 어느 날 신문에 악마로 등장하는 경우가 종종 있습니다. 다섯 명의 아이를 입양하여 정성껏 키워왔다던 어느 부부가 아이를 죽게 하고 누구도 모르게 은폐하려 했던 사건이 뉴스가 되기도 했습니다. 그 부부의 남편이 고위 공직자여서 더 충격이 컸었지요. 사람은 악한가 선한가 하는 이분법적 사고는 우리 사회에 갈등과 충격만 줍니다. 제가 성장해온 과거를 돌아보면 아찔한 선택을 했던 경우가 몇 번 있었습니다. 그 때 누군가 나의 행동을 보고 주위에 알렸다면 제 인생은 지금과 많이 달라졌을 수도 있을 겁니다. 결국 사람은 선(善)과 악(惡)을 선택하며 인생을 살아가고 있습니다. 두 갈래 길에서 선(善)을 선택하며 걷다가도 빛이 없는 어두운 곳에서 꿈틀거리는 욕심에 악(惡)을 선택할 수도 있습니다. 운이 좋아 양지로 가는 길을 찾을 수 있고 운이 나빠 낭떠러지로 갈 수도 있습니다. 그래서 성인들은 선(善)함을 선택하면 운명의 장난에서 허덕거리지 않을 것이라고 말하는 것이 아닐까요?

"가난하게 살기로 마음먹으면
부자가 부럽지 않습니다.
행복하게 살기로 다짐을 하면
불행이 와도 무섭지가 않습니다."
- 성전스님 -

주는 게 어딘데!

　　추석을 며칠 남기지 않던 때 인터넷 쇼핑몰 옥션이 가입 회원 1438명을 대상으로 이번 추석 선물로 받고 싶은 것과 주고 싶은 선물을 조사한 결과를 발표한 적이 있었습니다. 받고 싶은 선물 1위는 무엇이었을까요? 절반 이상의 사람들이 선호한 것은 현금이나 상품권이었습니다. 그 뒤를 이어 육류 18%, 생활용품 11%였습니다. 반대로 주고 싶은 선물은 무엇이었을까요? 1위는 참치와 비누 등 저렴한 생활용품이 32%였다고 합니다.

　　최근까지도 정치계, 산업계 등 많은 문제를 일으키고 있는 뇌물의 대부분이 고가의 선물이나 현금입니다. 사람들은 자기에게는 선물이고 남에게는 뇌물이라고 말을 하지요. 며칠 전 모 국회의원들이 뇌물을 받아서 한창 시끄러웠습니다. 국민들도 엄청난 질타를 SNS 등을 통해 쏟아냈습니다.

　　사람의 심리라는 게 참 이해하려면 비위가 거슬리는 것을 참아야 합니다. 선물은 주는 사람 마음이니 당연히 저렴하고 살아가는 데 꼭 필요한 생활용품이 많이 오갑니다. 그런데 받는 사람은 고마워하기는커녕 짜증을 내는 웃긴 상황이 계속 반복되고 있는 것입니다.

선물은 못 받는 것보다 받는 것이 행복합니다. 저는 어떤 선물을 주더라도 감사히 생각하고 잘 사용합니다. 짜증낼 거면 저 주세요!

원래 우리 음식이 아니잖아!

큰 녀석과 다르게 막내 녀석은 편식이 심합니다. 당근, 파, 토마토, 오이는 입에도 대질 않습니다. 더운 여름에는 토마토와 함께 얼음을 믹서기에 넣고 함께 갈아서 먹으면 아주 시원하고 맛있는 건강 음료가 됩니다. 문제는 비쩍 마른 막내 녀석이 이 몸에 좋은 과일 주스를 입에도 안 댄다는 겁니다. 이제는 청소년이 되었으니 반강제로 먹으라고 윽박질렀습니다. 그랬더니 대뜸 이렇게 말하더군요.

"토마토는 우리 토종 음식이 아니잖아! 왜 꼭 먹어야 돼?"

갑자기 할 말이 없어졌습니다. 스페인이 원산지인 토마토는 조선 말기에 들어와서 일제 식민지 시절에야 일반인들에게 보급된 작물입니다. 그래도 밀리면 안 된다 싶어서 "그럼 조선시대 주식인 백김치와 된장만 먹고 살아라"고 했더니 피식 웃더라구요. 결국 막내 녀석은 토마토 주스를 쓰디 쓴 약 먹듯이 얼굴을 찡그리며 먹었습니다.

현재 우리 식탁에 올라오는 토속 음식들의 재료들 중 가장 많이 사용되는 고추도 조선 말기에 들어온 외래 종자입니다. 신토불이라고 우리 땅에서 난 우리의 토속 음식이 우리 몸에 좋다는 말도 국내 농업을 보호하려는 의도된 캠페인의 산물이라는 의심도 해봅니다. 그러나 분명한 것은 세종대왕은 중국의 의서가 우리 조선 사람들의 체질과 맞지 않는 것이 많아서 우리 땅에서 자생하는 한약재를 이용한 동양최대의 의학서인 〈의방유취〉를 편찬한 바 있습니다. 그렇다면 먼 훗날 짜장면, 쫄면, 프라이드치킨, 치맥이 한국의 토속음식이 되지 않을까요?

트리거를
당겨라

그 사람이 되어줘

죽을 것처럼 아프세요? 시간이 약입니다. 시간이 지나면 다 아픕니다. 진짜 아픈 이유는 그 시간을 견디기가 힘들기 때문입니다. 그냥 울고 그대로 아파하세요.

뒤돌아보면 우리는 수없이 아프며 컸습니다. 태어나 거꾸로 들려 엉덩이를 맞았고 며칠간 시름시름 앓아눕는 감기도 수없이 걸렸었죠. 선배나 부모님들께 물어보세요. 죽을 것처럼 지치고 힘들었을 때를 말이에요. 실연을 했거나 직장을 잃었거나 믿었던 친구가 배신을 했을 때 그때…

그땐 누구나 세상이 미치도록 싫고 죽고 싶은 마음이었을 겁니다. 그러나 지금 당신과 우리의 모습은 어떤가요? 온전히 그대로잖아요. 아니 오히려 더 듬직하고 성숙해졌지요.

그런데 우리가 잊고 있는 게 있어요. 동물들 중에 태어나자마자 혼자선 걷지도 못하는 동물이 인간뿐이란 걸. 우리가 아플 때 버티며 살아남을 수 있었던 건 그 누군가의 사랑과 위로였다는 걸.

우세요.

아파하세요.

단, 당신을 죽도록 사랑하는 사람 옆에서 말입니다.

시간이 지나면 다 아물어요.

두려움의 시간들이 아픔이기 때문에.

뒷모습이 아름다운 사람

　인간관계라는 것이 보통 앞에선 좋은 말과 호의를 서로 보이지만 고비를 맞아 끝이 안 좋은 경우가 많습니다. 서로가 최선을 다하며 살아도 힘에 겨운 것이 관계이기 때문입니다. 생텍쥐페리의 소설 〈어린왕자〉에 사랑에 대한 정의가 있습니다.
　'사랑이란 서로 길들여지는 것'이라고 말이죠.
　길들여지는 과정을 수용하고 넘어서야 서로를 있는 그대로 사랑하게 됩니다.
　돌아가신 제 아버님은 어머님과 참 많이 다투셨어요. 저는 두 분이 만나지 말아야 했었다고 생각했었습니다. 그러나 나중에 이해하게 된 것은 아버님이 어머님을 무척 사랑하셨으며 의지했고 돌아가실 즈음에는 어머님께 모든 것을 인계하실 요량으로 더 고집스럽게 자신의 걱정거리를 자신만의 방법을 해결해 가길 강요했다는 것입니다. 길들이려했기에 갈등이 컸다는 것입니다. 어머님도 지금은 아버님의 억척스러움과 조급함을 이제야 이해하시고 그리워합니다.
　뒷모습이 아름다워야 진정 멋진 사람이란 말을 가슴에서 꺼내

봅니다. 사람을 대함에 있어 그때그때 이익을 위해 대한다면 절대 길들여질 수도 길들일 수도 없습니다. 순수하고 온전한 마음으로 옳은 생각을 실천하다 보면 뒷모습이 아름다워질 거라고 믿으며 오늘도 뚜벅 뚜벅 저의 길을 갑니다. 그래서 먼 훗날 저의 뒷모습을 회상하며 그리워하는 사람이 많았으면 합니다.

    아주 간절히…

그 사람 아니면 안 된다

"외로움은 누군가 채울 수 있지만
그리움은 그 사람 아니면 안 된다"

어느 페친님의 담벼락 글을 읽다가 본 글입니다.
살다 보면 숱한 외로움을 느낍니다.
가족이 있어도, 애인이 있어도, 친구가 있어도 외로울 수 있습니다.
오히려 더 외로웠던 기억이 있습니다.
전 그게 뼈에 사무치도록 외로우면 그럴 수 있다고 생각했습니다.
제 전생의 연인이나 어릴 적 트라우마 때문일 거라고 생각했습니다.

그러나 이 글을 보면서 제가 누군가를 간절히 그리워했었기에 그토록 외로웠었다는 걸 알게 되었습니다.

그리고 그 누군가는...

바로...

나약하지 않은,

견고한

나 자신이었습니다...

담 너머에 답이 있다

하루에도 몇 번씩 만나는 절친께서 요사이 우울하다고 합니다. 이 분은 국책 연구기관에서 인프라 구축 업무를 하시면서 매우 유쾌한 유머와 웃음으로 주변사람들을 즐겁게 해주시는 분입니다. 탄탄한 몸에 까무잡잡한 피부, 평소에 술을 좋아하셔서 배는 좀 나오셨습니다. 이 분이 요즘 스트레스를 받는 이유는 인생의 낙(樂)이 없다는 겁니다. 매일 매일 쳇바퀴처럼 도는 사회생활을 하는 우리 현대인들. 1평도 안되는 책상에서 1초에 수십 번 깜박이는 모니터를 보며 따다닥 소리를 내며 키보드를 눌러댑니다. 전화기로 얼굴도 모르는 사람과 수십 분 언쟁을 할 때도 있습니다. 그리고 저녁이 되면 치킨이나 소시지에 맥주 한잔하며 푸념으로 마무리 하는 것이 대부분의 일상이죠.

현대인들의 가장 큰 문제는 움직이는 양이 적다는 것이 아닐까 생각합니다. 점점 더 움직일 일이 없어지니 밸런스가 깨지는 것 같습니다. 비행기 안에서 꼼짝도 못하고 장거리 비행을 하다 보면 온몸이 찌뿌둥하고 정신이 혼미해지는 것과 같이 말이죠.

시간이 흐른 후 먼 훗날, 우리는 지나간 과거를 안주 삼아 추억으로 더듬으며 씁쓸한 소주 한잔을 마실 겁니다. 그래서 그분께 동호회 활동이나 취미, 자기계발을 권유해 드렸습니다. 그런 활동들이 별 거 아닌 것 같지만 삶의 윤활유, 엔진오일과 같은 역할을 분명히 하기 때문입니다. 인간(人間)은 말뜻 그대로 사람들 속에서 사는 동물입니다. 그 속에서 행복과 꿈을 현실화 시키는 존재지요. 먼 훗날 우리가 왔던 곳으로 돌아갈 때 우리 자손들이 조금이나마 행복하게 살 수 있도록 무언가를 남기고, 웃으며 갈 수 있다면 그게 다가 아닌가요.

저도 뭔가 새로운 것을 하나 더 생각해 봐야 할 것 같습니다. 공방을 다녀볼까? 서예를 배워볼까? 멋진 의자도 만들어 선물도 하고, 에너지 팍팍 느껴지는 한 획을 그려보고 싶네요. 세상에 온기를 주는 글도 계속 쓰고 중소, 벤처기업들에게 도움이 될 수 있는 일도 많이 하면서 살 수 있기를 기대해 봅니다.

단추 몇 개만 풀어봐

　　쇼핑을 하다가 예쁜 옷을 발견했던 적이 있습니다. 그런데 사이즈가 작은 것밖에 없어서 조금 더 큰 사이즈를 달라고 점원 분께 말씀드렸더니 이 제품은 이월 상품이라 사이즈가 한정되어 있다고 하는 것입니다. 그 말에 순간 갈등이 생겼었습니다. 그러나 입고 싶다는 조급한 마음과 욕심 때문에 덜컥 사고 말았습니다. 보통 사람의 심리가 원하는 것을 얻기 전과 얻은 후가 달라지잖아요. 며칠 입고 나니 몸에도 불편하고 그렇게 멋있어 보이던 옷이 모델과 완연히 다른 저에게 안 어울린단 생각이 들었습니다. 그 옷은 옷장 안에서 출전을 대기하는 시간이 늘어났고 몇 년이 지난 후 분리수거 함으로 방출되었습니다.

　　오늘 회사에서 지인과 차 한잔 하면서 대화를 하다가 문득 서로에게 "가장 하고 싶은 것이 뭐야?"라는 질문을 나누게 되었습니다. 이 분은 대학 때 전자공학을 전공했지만 음악이 좋아서 그룹사운드 동아리 활동에 대학 생활을 바쳤으며 낚시, 사진 등도 좋아해서 제가 알아들을 수 없는 용어를 풀어놓으며 낚시 가서 사진찍자고 종용하는 분이기도 합니다. 전 이분의 대답이 뭘까 궁금했습니다. 이분의 대답은 "외딴 섬에서 낚시하면서 살고 싶어"란 대답이었습니다. 저도 물론 제 꿈이 있습니다. 중요한 것은 우리 직장인들이 대부분 자신이 하고 싶은 것을 멀리서 바라보며 한 달 뒤의 임금만 바라보며 노예의 삶을 살고 있는 현실이 있다는 것입니다. 생각 같아서는 확 때려치우고 과감하게 도전해보고 싶지만 지금 당장 커가는 아이들에게 들어가는 학원비와 생계에 필요한 최소 비용이 커다란 장애물로 가로막습니다.

"은퇴한 후에 언젠가는 우리의 꿈이 이뤄지겠지"라는 자위를 하며 서로 각자의 사무실로 돌아가는 뒷모습에서 뭔가 짠한 비애감을 느낍니다.

우리의 삶이 노예의 삶이란 것을 직시하는 순간 마치 몸에 안 맞는 옷을 입은 것처럼 불편하고 스트레스를 받게 됩니다. 사회적 지위와 권력이란 것도 옷과 같습니다. 벗어버리면 아무 것도 아닌... 오늘도 주저하며 퇴근을 하다 고개를 드니 별들이 반짝이고 있습니다. 도심의 공해로 인해 잘 볼 순 없었던 별을 본 것도 운이 좋았습니다만 기쁨보다는 씁쓸함이 밀물처럼 밀려오는 것을 막을 수 없습니다. 오늘 밤은 별이 무척 슬퍼 보이네요.

그래도 가슴을 펴고 크게 한숨을 들이켜 봅니다. 그 옛날 학생 시절 자율학습을 끝내고 집으로 돌아갈 때 느꼈던 특유의 밤공기 냄새가 폐 속 깊숙이 스며듭니다. 별이 어깨를 토닥이며 이렇게 속삭이는 것 같습니다. "결정하지 못했다면 일단 그냥 가보는 거야. 힘내!"라고 말이죠. 그리고 퍼뜩 이런 생각이 들었습니다. '맞지 않는 옷이라면 단추를 몇 개 풀어봐, 그럼 좀 괜찮아질 거야.'

거센 비바람이 지나간 후에야
무지개가 뜨고
밤이 깊어야 별이 밝고
모든 걸 녹일 것 같던 더위도
시원한 바람에 자리를 내줍니다.
세상을 얼릴 것처럼 추운 겨울도
봄을 막진 못하듯이 말입니다.

세상 사 마찬가지입니다.
기쁨도 아픔도 잠시입니다.
이것도 곧 지나가리니
한결같이 살아야지요.

가족의 사랑이 가장 중요해

　　　이상한 사람을 만날 때는 참 당황스럽습니다. 상식적으로 받아들일 수 없는 말과 행동을 하는 모습에 반감이 생기고 거리를 두게 되지요. SNS를 통해 만난 사람 중에 유난히 눈에 띄는 답글을 다는 분이 계셨습니다. 글의 내용과 전혀 상관없거나 과잉 반응을 보이며 열심히 댓글을 다는 분이 매우 부담스러웠습니다.

　　　사회에서만 그런 것이 아닙니다. 갈등을 극복하지 못하고 성격 차이로 이혼을 하는 부부가 계속 증가하고 있습니다. 부부간 갈등의 본질적 이유는 무엇일까요? 최광현 님은 〈가족의 두 얼굴〉에서 이런 모든 인간관계 갈등의 원인에는 나르시시즘과 서열경쟁 등 기본적인 인간의 심리가 작용한다고 말합니다. 이 심리를 잘 알고 대처하는 방법을 알아야 갈등을 줄일 수 있다는 것입니다.

　　　최근 심리생리학은 어린 시절 트라우마 경험이 뇌 속의 생화학적 작용을 왜곡시킨다는 것을 발견했습니다. 자신의 어린 시절에 첫째 누나만 예뻐했던 기억은 자신의 둘째 딸에게 애틋한 감정을 불러올 수 있습니다. 어려서 당했던 성추행의 기억이 성장해서 남편과의 부부

생활을 파경으로 만들 수 있습니다.

　유명한 영화배우인 마릴린 먼로는 알코올 중독 어머니에게 버림받고 고아원에서 자라다가 아홉 살 때 이웃집 아저씨에게 성폭행을 당하고 이후에도 많은 남자들에게 버림을 받았던 트라우마로 유명 영화배우가 된 후 채워지지 않는 사랑에 집착하다 약물 중독으로 생을 마감했습니다. 심리생리학에선 트라우마가 많을수록 스트레스에 민감해진다고 합니다.

　오프라 윈프리도 마릴린 먼로와 비슷한 유년기를 겪었지만 전혀 다른 삶을 살아갔습니다. 이유가 무엇일까요?

　1805년 포주인 외할머니, 매춘부의 아들로 태어났고 어려서 아버지의 자살과 연이은 어머니의 알코올 중독으로 인한 사망을 경험한 사람이 있었습니다. 그의 어린 시절은 중독, 폭력, 가난, 매춘으로 점철되었습니다. 그는 바로 〈성냥팔이 소녀〉 〈미운 오리새끼〉 〈왕자와 거지〉 등 슬프면서도 따뜻한 동화를 펴낸 안데르센입니다. 자신의 상처와 불행을 똑바로 직시하고 글로 배설하면서 긍정적인 의미를 찾은 겁니다. 삶은 그 누구의 강요가 아닌 자신의 선택이란 것을 알게 된 것입니다.

　70년대까지 화장실에 똥통이 있었습니다. 아이들이 가끔 똥통에 빠지는 일이 벌어지곤 했다고 합니다. 아이가 똥통에 빠지면 얼마나 놀라고 수치스러움과 불안감이 들겠습니까? 현명한 부모들은 이런 아이의 마음을 헤아려 재빨리 집에 있는 재료로 똥떡을 만들어 아이를 시켜 온 동네를 다니며 똥떡을 나눠주게 했다고 합니다. 그러면 이웃들에게 "녀석 놀랐겠구나"하며 머리도 쓰다듬고 격려를 받으며 대수롭지 않은 일로 극복하게 된다는 것입니다.

트라우마의 노예가 되지 않으려면 그 감정이 일어나는 이유를 직시하고 그 당시의 감정을 솔직하게 배출하는 것이 도움이 된다고 합니다. 의사나 전문가의 도움을 받는 것도 좋다고 합니다.

대학시절 미팅을 나가서 짝짓기를 할 때 예상 밖의 커플이 이뤄지는 경우가 있습니다. 킹카급 남자가 관심을 보였지만 그 여성은 오히려 함량 미달로 보이는 남자에게 마음을 주는 경우가 있습니다. 남녀가 서로에게서 익숙한 모습을 발견하면 편안해하고 끌리는 것이 사랑의 일반적 법칙이라고 합니다. 그 여자는 함량 미달의 남자에게서 자신의 가족 구성원 누군가와 비슷한 성향을 찾았고 친근감을 느낀 것입니다. 또 다른 예로서 아버지의 폭력을 증오했던 사람이 결혼 후 아이에게 폭력을 행사하게 되는 것 등을 귀향증후군이라고 합니다. 가족에게 길들여진 현상입니다. 문제는 왜 이런 불행한 경험이 반복되는 것일까요? 오늘날 심리학에선 불행을 반복하는 행동이 사실은 불행을 극복하려는 노력의 일환임을 규명했다고 합니다.

감정이 상한다는 것은 자신의 자존심이 상했다는 것입니다. 자존심은 글자 그대로 자신이 살아가는 원동력입니다. 나르시시즘이라고 하지요. 그런데 이런 불행이 닥쳤을 때 자존심에 큰 타격을 입게 되는 것입니다. 그래서 자신은 다시 한 번 더 같은 상황에서 다른 결과를 낼 수 있다고 생각하게 되거나 그 방법이 최선이었다고 다시 믿게 되는 것입니다.

프랑스의 정신분석가 세르주 티스롱은 가족의 비밀에 관한 연구로 유명한 학자입니다. 가족의 비밀이란 여러 세대에 걸쳐 이어지며, 이렇게 세대 전수된 비밀은 원래 만들어졌던 세대보다 더 큰 문제를 낳는다고 주장합니다. 고통스런 비밀을 숨기려 하면 할수록 의도와 달리 더욱 다음 세대에 큰 영향을 미치게 된다는 것입니다. 그래서 가족 비밀이 존재하는 가정은 건강할 수 없다고 말합니다.

예를 들어 한 아이가 저녁에 술을 마시고 들어와 현관에서 쓰러져 자고 있는 알코올 중독자 아버지를 보고 어머니에게 묻습니다. "왜 아빠가 여기서 주무시는 거죠?" 어머니는 말합니다. "아빠가 너무 피곤하고 힘들어서 그런 거란다." 이런 이야기를 듣고 자란 아이는 왜곡된 정보로 인한 사실 판단능력이 떨어지게 되고 미신과 사교 집단에 잘 넘어가는 유형의 사람이 된다고 합니다.

독일의 유명한 가족상담사로 '트라우마 가족치료' 모델을 만든 버트 헬링거는 매력적인 남성들은 아버지를 존경함과 동시에 아버지에 대한 경쟁심을 느끼며 좋은 관계를 유지하는 공통점이 있다고 발표했습니다. 1995년 삼풍백화점이 붕괴되는 사고가 있었습니다. 그 잔해더미가 깊은 곳에서 17일간 빗물로 버티며 살아남은 여성이 있었습니다. 그 여성은 굶주림과 극도의 공포감 속에서 견딜 수 있었던 힘의 원천은 가족들과 행복했던 추억들이었다고 말했습니다.

타고난 천재성을 찾아라

말콤 글레드웰은 세계 최고가 되기 위해서는 타고난 능력, 재능이 아니라 투자한 시간에 비례한다며 '1만 시간의 법칙'을 말했습니다. 이 주장은 누구나 노력하면 할 수 있다는 것으로 게으름을 탓하라는 것입니다. 그런데 오늘 아침 모 신문에 재밌는 기사가 났습니다.

잭 햄브릭 미시건주립대 교수는 노력과 선천적 재능의 관계를 조사한 88개의 논문을 비교 분석한 결과 아무리 노력해도 천재는 따라잡을 수 없다고 세계적 권위의 심리학 학술지인 '심리과학'에 연구결과를 발표했습니다. 피켜스케이팅의 김연아, 골프 황제 타이거 우즈, 골잡이 메시 등은 이미 재능을 타고났기에 평범한 사람이 아무리 노력해도 따라잡을 수 없다는 것입니다.

학술 분야의 경우 노력한 시간이 기여하는 비율이 4%에 불과했으며 음악, 스포츠 등의 분야는 20~25%였다고 합니다. 어떤 분야든 선천적 재능이 없으면 아무리 노력해도 최고가 될 수 없다는 것입니다.

특이한 것은 선천적 재능과 함께 나이가 중요하다고 합니다. 어려부터 두 가지 언어를 사용할 수 있는 아이는 언어 관련 두뇌가 조기에 발달하여 늦게 배운 사람보다 더 언어능력이 뛰어나다는 것입니다. 음악, 축구 등에서도 조기 교육이 큰 역할을 한다고 합니다. 그리고 혼자 배우는 것보다 남들과 경쟁하면서 배우는 것이 더 효과적이라고 합니다. 한국 어머니들의 조기교육 열풍이 본능적인 통찰력 때문이었나 싶기도 합니다. 따라서 모든 사람은 어려서부터 어느 분야에 천재성이 있고, 그 능력은 교육과 주변의 환경에 의해 키워집니다. 그리고 이 천재들은 1만 시간 이상의 피나는 연습에 의해 세계 최고가 될 수 있다고 생각해 봅니다.

갑자기 밴드에서 연예인 김제동 씨의 특강을 들었던 기억이 납니다. 그의 강의를 들으면서 '역시 김제동'이란 생각이 들었습니다. 김제동 씨가 평소에 얼마나 풍부한 독서와 고민 그리고 사색을 즐겼는지 느낄 수 있었습니다. 그리고 그의 탁월한 언변과 순발력은 분명 타고난 천재적 능력이란 것을 다시 한 번 더 느끼게 됩니다.

곰곰이 생각해 보니 부족했던 것을 채우기 위해 시간을 투자할 것이 아니라 잘하는 것을 더 잘하기 위해 시간을 투자해야 한다는 생각을 합니다. 저의 경우를 예를 들어 보면 운동은 제가 즐길 분야이지 집중적으로 투자할 분야가 아니란 것을 느낍니다. 아울러 '나의 강점, 나의 천재성은 무엇일까?'라는 고민 속에 남들이 저에게 부럽다며 했던 말들을 기억해봅니다. 이것이 제가 시간을 더욱더 투자해야 할 분야라는 것이죠.

저에게 그렇듯이 아이들에게도 이것저것 모든 것을 다 잘하라고 강요해선 안 됩니다. 아이들이 어려서 많은 것들을 체험할 수 있도록 도와주고 그 과정에서 보석처럼 빛나는 재능을 발견하는 것이 부모, 스승의 역할이 아닌가 싶습니다. 그리고 최고가 되는 과정은 온전히 스스로의 몫이란 것도 다시 한 번 더 느껴봅니다.

부모가 거름이 되어 아이가 큰다

　한국에서 고등학생 이하의 아이들을 키우는 부모님들 대부분 'SKY'를 동경하고 꿈꾸실 겁니다. SKY는 서울대, 고려대, 연세대의 영어 첫 글자를 딴 단어입니다. 저도 고등학생, 중학생 두 남자아이를 키우다보니 모르고 있다면 너무 무책임한 남편일 겁니다. 흔히 아이들이 잘되려면 아내의 정보력, 남편의 무관심, 할아버지의 재력이라는 삼박자가 맞아야 한다고 합니다. 그래서 아내에게 제 무관심이 아이들에게 도움이 될 거라고 몇 번 말했다가 본전도 못 찾았던 기억이 납니다.
　그러나 주변에서 똑똑하고 모범적인 아이들로 잘 키우는 분들과 대화하다 보면 삼박자보다 더 본질적인 특징이 있는 것을 알았습니다.
　그건 바로, 어머니의 헌신과 아버지의 모범이었습니다. 아이들의 아버지의 뒷모습을 보고 자란다고 합니다. 아버지가 가장으로서, 집안의 기둥으로서 든든한 모습을 보이면 아이들은 흔들리지 않습니다. 사회생활 핑계대고 밤 문화를 즐기고 주말에도 친구들과 어울리며 자신의 삶에 집중하다 보면 아이들에게 보이는 뒷모습은 어떤 모습일까요?

　세상의 어머니는 열 달간 품어 낳은 자식에게 온몸으로 헌신하는 분들입니다. 남자인 저는 제 아내가 아이들에게 헌신적으로 대하는 모습을 보면 고개가 절로 저어집니다. 한여름 자그마한 모기소리라도 들리면 벌떡 일어나 끝까지 피를 보고야 마는 전사적 기질, 한 겨울밤 기침소리라도 나면 달려가 걷어찬 이불을 목까지 덮어주고 온다는 믿을 수 없는 전설을 듣다 보면 남자와 여자는 다른 종족이라는 것을 인정할 수밖에 없습니다. 거기다 아내들은 집안일에 직장까지 다니면서 녹초가 될 법한데도 어느 학원에 유명한 강사가 있는지, 학교엔 무슨 일이 벌어지고 있는지 정보를 수집하는 데 있어서 기관 정보원처럼 기민합니다.

　보통 남자와 여자는 사랑을 표현하는 방식이 다르다는 말을 하지만 그건 남자들의 변명이 아닐까 생각해 봅니다.

　이렇듯 잘되는 집안의 아이들은 모범스런 아버지의 뒷모습과 어머니의 헌신이라는 거름을 먹고 희망의 싹을 품고 꽃을 피우는 것 같습니다.

선진국에 뒤처지는 비밀 '창고'

름의 가운데로 가고 있습니다. 회사 내 나무 그늘에서 자동차 관련 글로벌 기업 이사님과 마주쳤습니다. 이런 저런 자동차 이야기를 나누다가 미국에선 집집마다 창고에서 스스로 자동차를 고친다는 말을 들었습니다. 우리나라처럼 카센터가 동네에 없고 비용도 비싸기 때문이란 겁니다.

그 얘기를 듣다보니 스티브 잡스 등 미국의 글로벌 기업가들이 창업하는 장소가 창고였다는 것이 떠올랐습니다.

저도 어렸을 때 집에 창고가 있었습니다. 못, 나사, 뺀지, 망치, 톱, 철판, 나무, 모터 등 못 쓰는 가전제품들이 쌓여있었습니다. 창문을 통해 태양빛이 들어오면 먼지 입자가 고요히 춤을 추는 모습을 보면 마음도 고요해지던 기억이 납니다.

그곳에 한번 들어가면 몇 시간 동안 잘 쓰던 라디오도 분해해보고 고물을 이용해 장난감을 만들기도 했던 기억이 납니다. 그래서 그런지 저는 지금도 물건을 해체하고 고치는 것을 즐거워합니다. 이런 경험 때문인지는 모르겠지만 연구소에 있을 때는 특허도 몇 개 출원해서 등록도 했었고 〈월간 세라믹〉이라는 잡지에 특집으로 실리기도 했었죠.

온갖 잡동사니가 있는 '창고'는 MIT의 미디어랩처럼 꿈이 현실로 바뀌는 장소입니다. 무한한 상상을 춤추게 하는 곳이죠. 아파트 문화가 대중화되면서 요즘 아이들은 안타깝게도 '창고'를 접하기도 힘들 뿐 아니라 직접 가본다면 쓰레기장으로 생각할 겁니다. 부모들도 더럽고 위험하다고 말릴 겁니다.

인류학자 레비 스트로스는 브리꼴레르가 미래의 인재상이라고 말합니다. 브리꼴레르는 아프리카 원주민을 관찰하면서 나온 용어로 손재주꾼을 말하는데 보잘것없는 판자조각, 돌멩이나 못쓰게 된 톱이나 망치를 가지고 쓸 만한 집 한 채를 거뜬히 지어내는 사람으로 체험을 통해 해박한 식견과 안목을 갖게 된 실전형 전문가를 말합니다.

우리나라 청소년들이 세계 수학, 과학올림피아드 대회에서 상위권을 휩쓸고 있지만 대학에 들어가서 뒤처지기 시작하는 이유가 '창고의 부재'때문이 아닐까 싶습니다. 교과서에서 배운 개념들을 실제 생활에서 활용해 보지 못하고 외우기만 했을 뿐 아니라 풍부한 상상을 한 경험의 부재로 인한 한계 말이죠. 어릴 적 그 '창고'가 그리워집니다.

다시 떠오르는 마을

생수병 모양을 레고처럼 서로 끼울 수 있게 만들어서 나중에 흙을 채워 재활하고, 시소를 타면 물 펌프가 작동되고, 태양광과 식물 기름을 활용해서 연료를 자급하는 친환경, 자급자족 경제를 이룬 공동체가 지구상에 있습니다.

1970년대 산성화된 땅으로 인해 사막화 된 오지에 역발상으로 아프리카 카리브산 소나무를 심어 열대 우림으로 만들고 그곳에 이상적인 친환경 자급자족 마을을 만들어 UNDP(유럽개발계획)의 지원과 전 세계의 관심을 받고 있는 곳 가비오따쓰.

이상주의자들은 유토피아를 꿈꿉니다. 유토피아의 어원은 없다는 U와 장소라는 Topia의 합성어로 세상에 없는 장소를 말합니다. 그래서 세상의 많은 사람들의 경계와 외면을 받기 쉽습니다. 그러나 가비오따쓰의 설립자인 파올로 루가리는 제3세계 발전문제를 고민하다 실제로 콜롬비아의 가장 오지에 유토피아를 건설하고 있습니다. 건축, 농사, 의학, 공학 등에 소질이 있는 사람들이 각자의 재능을 바탕으로 유토피아를 만드는 데 참여하고 있습니다.

파올로 루가리가 가비오따쓰를 건설하게 된 동기는 그 옛날 아버지의 친구였던 루이 르브레 신부의 말 때문이었습니다.

"발전이란 사람들을 행복하게 해주는 것이다"

우리나라에도 협동조합이 매우 활발히 만들어지고 있습니다. 아마 지역, 마을마다 이런 비슷한 시도들이 많이 생겼으면 하는 바람입니다.

"패스보다 빠른 선수는 없다"

- 영화 Goal 中에서 -

아이들에게 희망을 1

제 어릴 적 추억을 더듬어 보았을 때, 아침에 일어나 동네 공터로 가면 친구들이 모여 있고 구슬치기, 딱지치기, 자치기, 다방구, 오징어놀이, 축구, 야구 등 그날그날, 그때그때에 맞춰 다양한 놀이를 하며 자랐습니다.

구슬치기는 2~3미터 앞쪽에 20센티 정도 원을 그리고 그 안에 흙을 오목하게 파서 각자 몇 개씩 구슬을 담아놓고 구슬을 던져서 원 밖으로 나간 구슬을 따먹는 게임이었습니다. 딱지는 문방구에 가면 살 수 있었는데 만화 그림이 그려진 두꺼운 싸구려 A4 용지 크기의 종이에 둥그런 딱지를 하나씩 뗄 수 있도록 되어 있습니다.

이렇게 어릴 적 추억들은 친구들과 서로 몸을 움직여가며 흙과 함께 자연 속에서 놀던 것이 아직도 기억에 생생합니다.

그런데 요즘 아이들은 참 안타깝습니다. 초등학교 때까지는 그나마 학교 운동장이나 동네 공원에서 축구, 야구, 농구 등을 좀 하다가 중학교에 입학하면서 그 수가 급격히 줄어듭니다. 학원을 가서 온종일 공부를 해야 하고 잠시 쉴 때는 웅크리고 앉아 그 좁은 스마트폰을 들여다보며 작은 손가락을 분주히 움직입니다. 저는 이런 교육 현실 속에서는 우리 아이들이 이끌어 갈 대한민국에는 희망이 없다고 봅니다. 우리보단 개인이 중요시 되고 인격이 포함된 지성보단 암기한 지식에 의존하는 사회는 온정이 없기 때문입니다. 영어만 하더라도 우리가 실생활에서 사용하는 영어가 중학교 수준이면 된다고 합니다. 회화 중심의 인증제를 통해 어느 정도 수준만 되면 고등학교를 졸업한다든지 대학을 입학할 수 있도록 하는 정도면 되지 않을까 합니다. 그런 취지에서 최근 특목고, 혁신학교들을 만든다고 합니다만 대부분 학부모들의 성화로 인해 명문대 입시 전문학교로 전락합니다. 교육제도의 문제가 아니라 사회 문화의 한계로 인해 제대로 작동하질 못한다는 겁니다.

어깨가 굽은 아이들을 펄펄 날게 하고 싶습니다. 아이들에게 해맑은 웃음을 찾게 해 주고 싶습니다. 방법은 뭘까요? 제가 경험해 본 바로는 선진국들의 교육 시스템이 잘 작동하는 본질적인 이유는 직업의 귀천이 없기 때문이라고 생각합니다. 목공이든지 중소기업에 근무하든지 대학에서 학생들을 가르치든지 연봉의 차이가 그렇게 크지 않기 때문에 자신이 하고 싶은 일을 하면서 사는 사회가 되는 것입니다. 요즘 대한민국도 일자리가 적어서 취업문이 좁다 보니 대학 이상을 졸업한 고학력자들이 목공, 미장 등 기술을 배우러 다니는 경우가 늘고 있다고는 합니다. 사회가 다양화 되고 안정되고 행복감을 높이려면 돈으로 사람들을 줄 세우면 안 됩니다. '돈이 말을 하면 정의는 침묵한다.'는 말이 있습니다. 돈이 말을 하고 권력이 줄을 세우는 사회는 후진국이라는 증거입니다.

아이들에게 희망을 2

　　EBS 다큐멘터리에서 〈인간의 두 얼굴〉이 방송된 적이 있습니다. 인간의 심리와 관련한 재미있는 실험들을 보여주었습니다. 대부분의 환자가 검진 중간에 의사가 바뀌었음에도 알아채지 못하는 어처구니없는 상황이라든지 어느 남자에게 우스꽝스러운 복장을 입힌 후 농구 경기장에서 응원을 하게하는데 그 남자 스스로는 창피하여 주춤거렸지만 사실 관람객들은 그 남자에 대하여 관심이 없었던 모습들을 보여주면서 인간의 심리에 대한 재미있는 사실을 알려줍니다. "당신은 스스로 자신이 게으르다고 생각할 수도 있지만, 사실 당신은 약속을 중시하는 사람이며 책임감이 강합니다. 당신은 속정이 많고 보기보다 다정다감해서 남의 감정 상태를 잘 파악하는 예민한 사람입니다. 당신은 자존심이 강해서 남에게 머리를 숙이고 아쉬운 소리를 잘 못하는 사람입니다. 그러나 조직에서 생활할 때는 자존심을 굽힐 줄 아는 현명함도 있습니다."라는 메모를 받았을 때 지구상에 존재하는 대부분의 사람들 모두가 자신의 이야기라며 공감하는 내용이라고 합니다. 즉, 인간의 보편적 심리로 나르시시즘, 자존감이 작용한다는 것으로 인간이 자기중심적인 것은 아주 당연하다는 것입니다.

출발 신호를 기다리다가 신호가 바뀌었을 때 앞차가 안 움직인다면 경차일 경우와 중형차일 경우 뒤에 있는 운전자의 대응이 다르다고 합니다. 경차일 경우 평균 3초, 중형차일 경우 10초 후에 경적을 누른다는 것입니다. 우리는 사람과 차의 등급을 동일시하는 경향이 있습니다.

면접관들이 마시는 차의 온도가 면접을 보는 사람들의 당락을 좌우한다는 것은 어떤가요? 면접관들이 따뜻한 차를 마시는 경우 상대방을 따뜻하게 본다고 합니다.

아이들의 지능을 높이고 싶다면 칭찬을 자주해야 합니다. 하버드대 사회심리학과 로버트 로젠탈 교수는 1968년 초등학생들을 대상으로 실험을 한 결과 똑똑하다고 칭찬을 많이 하면 아이들의 지능이 높아진다는 연구결과를 발표했습니다. 바로 피그말리온 효과입니다. 7세 이하의 아이들은 사춘기 이전에는 절대로 자살하는 법이 없다고 합니다. 그래서 아이들 시절에 긍정적인 생각, 언어, 습관을 들이는 것이 매우 중요합니다.

"수많은 착각 중에 하나는
우리가 실제보다 많은 사람들의
관심을 받고 있다고 생각하는 것이다.
하지만 사람들은 우리에게
관심이 많지 않다"
—토머스 길로비치 —

마법의 선을 그려보자

직장인들이 툴툴대면서도 사표를 낼 생각을 하지 못하는 것은 미래에 대한 불확실성 때문입니다. 당장 도서관이나 서점에 가서 자기계발 서적 코너에서 미래의 꿈을 이룰 수 있는 방법에 대한 책을 찾는 것이 그리 어렵지 않습니다. 저자들이야 나름 그 분야에서 성공한 사람들이니 너무 쉽게 말을 한다고 생각할 수 있을 겁니다. 그러나 그 방법이 나에게도 적용될 수 있을까 의구심이 듭니다. 여하튼 성공하는 사람들의 말들 속에는 시간을 아끼면서 잘 관리한다는 공통점이 있습니다. 누구에게나 똑같이 주어진 시간인 365일, 24시간을 관리하고 있다는 것입니다. 말콤 글레드웰의 1만 시간의 법칙도 시간을 투입한 만큼 성과가 나온다는 말이기도 합니다.

3차원의 세계에 살면서 4차원의 항목인 시간을 관리한다는 것은 불가능합니다. 시간은 늘릴 수 있는 대상이 아니기 때문입니다.

성공한 사람들 중에는 좌표를 이용하여 시간을 관리하는 분들이 많이 계십니다. 흰 종이 위에 수학에서 배웠던 X, Y 축선 두 개를 교차하여 그리면 4개의 면으로 나뉩니다. X축에 급한 일이고 Y축에 중요한 일이라고 적습니다. X축이 +값으로 간다는 것은 급한 정도가 크다는 것이고, -값으로 간다는 것은 시간적인 여유가 있다는 것입니다. Y축이 +값으로 간다는 것은 중요한 일이란 것이고 -값으로 간다는 것은 중요하지 않다는 것입니다. X, Y값이 둘 다 +값에 있다는 것은 급하면서 중요하다는 것이며, 둘 다 -값이란 것은 하지 않아도 된다는 것을 말합니다. 꿈을 이루는 좌표도 만들 수 있습니다. 중요하면서 긴급한 것에 치중하다 보면 과로사로 죽고, 중요하지 않지만 긴급한 것만 하다 보면 애처로운 삶을 살게 됩니다. 중요하지도 않고 긴급하지도 않은 일에 매달리면 명예퇴직 1순위가 되지요.

아침에 남들보다 일찍 출근해서 이 좌표를 그린 후 하루 일들을 배치해 봅니다. 그래서 급하고 중요한 것들을 먼저 처리하고 급하지 않지만 중요한 것을 그 다음에 처리합니다. 급하기만 한 것은 전화나 메일로 협조를 구해 처리할 수도 있습니다. 인생 후반전을 제대로 달리려면 급하지 않지만 중요한 것들을 미리 챙겨야 한다는 것입니다. 그러려면 급하면서 중요한 것들 중 내가 잘하지 못하는 것들은 과감하게 넘겨줄 동반자를 확보해야 합니다.

전반전을 잘 뛰었지만 후반전에 고전하는 분들이 '왕년에'라는 단어를 많이 사용하는 분들입니다. 지나고 나면 현실적으로 아주 의미 없는 말입니다. 인생 후반을 잘 뛰어야 후회 없는 삶이 됩니다.

인생의 깨달음도 얻을 수 있습니다. 예를 들어 X축에 '나', Y축을 '너'로 합니다. 이 좌표는 행복과 불행에 대한 정보를 알려줍니다. Y축인 '너'의 값이 +값으로 간다는 것은 상대방에 대한 배려를 말합니다. -값으로 간다는 것은 욕심을 부린다는 것입니다. Y축의

'나'라는 값이 +방향으로 가면 간다는 자존감이 높은 것이고 - 방향으로 가면 자존감이 낮은 것을 말합니다. 나의 자존감만 내세우고 상대방을 배려하지 않으면 독단적이고 이기적인 사람입니다. 자존감이 낮으면서 남을 배려만 하는 사람은 패배주의적 삶을 살 수 있습니다. 자존감도 낮고 배려도 없으면 사회에서 문제를 일으킬 소지가 많은 사람이 됩니다. 이런 부류의 사람이 가끔 뉴스에 안 좋은 소식의 주인공으로 출연합니다. 자기 자신을 사랑하면서 남도 배려하는 사람이 행복한 인생을 살 수 있습니다.

자유와 지식으로 나눠 생각해 볼 수 있습니다. 인생을 자유롭게 살기를 원하지만 지식이 없다면 가난뱅이가 되고 자유가 없으면서 지식도 없다면 천상 노예의 삶을 살 것입니다. 자유가 없으면서 지식이 있다면 투덜이가 될 것이며 자유와 지식이 함께한다면 삶을 주도적으로 이끄는 삶을 살게 될 것입니다.

고급 인간

　　사람들은 모두 다른 성격, 태도, 모습, 능력을 갖고 있지요. 이렇게 서로 다른 모습을 같고 있기에 세상을 바라보는 시각, 대하는 태도, 추구하는 모습이 다르고 갖고있는 능력도 분야가 다릅니다. 그러나 현재 우리 대한민국에선 아직도 획일성을 요구하는 경우가 많습니다. 그러다보니 사회적인 갈등도 반복해서 일어나고 있습니다. 나무를 잘 타는 원숭이에게 바다에서도 재주를 부리며 수영하도록 아무리 교육을 시킨다고 해도 그게 가능할까요? 그런데 이게 남의 이야기가 아닙니다. 밤 10시에 학원가 주변을 가보면 우리 사회가 얼마나 무모한 짓을 아이들에게 강요하고 있는지 확인할 수 있습니다. 아이들의 얼굴에서 희망과 꿈을 찾을 수 없다는 것이 가장 가슴이 아픕니다. 그 옛날 사춘기 시절 시를 사랑했던 어느 동네 선배들의 이야기는 추억 속으로 사라졌습니다.

　　서로가 다른 것이지 틀린 것은 아니라는 것을 인정해야 온정 있는 사회가 됩니다. 그러나 그런 다양성에 대한 존중만으로 사회의 온갖 문제점들이 해결되진 않습니다. 도덕적으로 정신적으로 문제가 있는 사람들에게 틀린 것이 아니라 다른 것이란 잣대가 어울릴 수 없다는 것입니다.

누군가 '고급인간'이란 단어를 쓰더라고요. 저급, 중급, 고급인간으로 분류한다는 것이 못마땅한 분들이 있겠지만 세상 돌아가는 모양을 보다 보면 인정할 수밖에 없습니다. 물론, 가정환경 등 자신의 의지와 상관없는 이유로 고급인간이 될 수 있는 기회를 갖지 못한 분들도 있습니다. 그러나 그건 자신의 문제가 아니라고 변명하기엔 한계가 있습니다. 어차피 고급인간이란 돈이나, 직업, 권력, 재산으로 얻을 수 있는 것이 아니기 때문입니다. 고급인간이란 인간다움을 갖춘 품위 있는 높은 수준의 인간이란 뜻이기 때문입니다.

아무리 많이 배우고, 돈이 많아도 고급인간이 자동으로 되는 것은 아닙니다. 그렇다면 고급인간이란 어떤 사람일까요? '사랑'을 실천하는 사람이 아닐까 합니다. 아름다운 삶을 완성하려는 꿈을 이루려 자신의 감정과 생활을 절제하되 남들을 배려하며 사는 사람이 아닐까요?

일단 만나!

　　　오랜만에 지하철을 탔는데 예전과 많이 달라진 풍경이 느껴집니다. 10여 년 전 지하철 풍경은 대다수의 사람들이 신문과 책을 읽는 분위기였습니다. 남자들은 지하철을 타자마자 실내 천정 모서리에 있는 선반 위를 훑어봅니다. 다 본 신문들을 다음 사람들을 위해 선반 위에 올려놓았습니다. 주로 스포츠 신문이 인기가 많았습니다. 앉은 상태에서 다 읽은 신문을 선반 위로 던져서 올리는 묘기를 부리는 사람들도 있었습니다.

　　　그런데 요즘은 스마트 폰이나 태블릿 기기를 통해 영화나 방송을 보거나 채팅을 하거나 글을 읽는 모습이 대부분입니다. 사람들 간 소통하는 방법도 만나서 대화하는 방식에서 전화, 메일, 카카오톡, 페이스북, 트위터, 라인, 문자 등 아주 다양한 방법으로 진화하고 있습니다.

　　　1990년대 초 스탠퍼드 경영대학의 명예교수인 토마스 하렐 박사는 졸업한 지 10년 된 MBA 출신들 중 성공한 사람들을 조사한 결과 학점은 성공과 별로 상관관계가 없었던 반면 유창한 언변이 결정적 공통점으로 작용한다는 것을 발견했습니다. 소통의 패러다임이 크게 바뀐 지금 하렐 박사의 연구결과는 무용지물이 된 걸까요? 결코 아닙니다. 아직도 인간관계의 결정적 영향을 미치는 것은 직접 만나는 것입니다. 아직까지도 온라인 상의 SNS는 오프라인 상의 만남을 윤택하게 하는 촉매제 기능을 할 뿐입니다. 사람을 직접 만나서 대화한다는 것은 생각보다 쉽지가 않습니다. 아무리 사교성이 좋은 사람이라도 처음 보는 사람과 관계를 맺는 것을 상당히 부담스러워합니다. 아무리 유명한 강사라도 일면식 없는 사람들 앞에서 첫 강의를 할 때면 상당히 부담스러워합니다. 그럴진대 보통의 사람들은 태어나서 처음 만나는 사람들과의 대화에 당황하고 불편해 하는 것은 당연합니다.

  기회는 기다린다고 오지 않으며 기회가 왔을 때 잡아야 한다고 말합니다. 그러나 지금처럼 공급과잉 시대엔 기회를 기다리기보다 기회를 만들어야 합니다. 적극적으로 대화를 주도하여 관계를 만들어가야 합니다. 수전 로앤 박사는 미국에서 커뮤니케이션의 마술사란 별명이 있을 정도로 유명한 강사입니다. 로앤 박사는 그의 저서 〈일단 만나〉에서 만나서 소통을 잘하는 방법을 알려줍니다. 몇 가지 기억에 남는 중요한 팁들이 기억이 납니다. 첫 번째, 직접 본론으로 가기 전에 스몰토크로 대화를 시작하라고 합니다. 그날 신문에 나온 기사거리 등 가벼운 주제를 통해 상대방과 말문을 트라는 것입니다. 일명 아이스브레이커(icebreaker)라고 하지만 로엔 박사는 아이스멜터(icemelter)가 더 어울리는 용어라고 말합니다. 두 번째, 무엇을 말해야 하는지 보다 그 말을 했을 때 상대방이 어떻게 생각할 지 아는 사람이 되라고 합니다. 상대방의 말에 경청하고 예의를 갖춰 관심을 갖는 것이 달인들의 특징이란 겁니다. 세 번째는 하지 말아야 할 행동들을 알려줍니다. 상대방의 주장을 반박하거나 중간에 말을 끊고 들어간다거나 자시의 입장만 계속 반복하여 말하는 행위, 무분별한 성적 농담, 잘난 체하는 행위, 휴대폰을 만지거나 먼 산을 바라보는 행위는 소통에 있어선 빵점 행동이라고 합니다.

결론적으로 소통을 잘하려면 상대방과의 첫 대면을 부드럽게 만들 수 있는 콘텐츠를 준비하고 상대방의 의견을 존중하여 경청하면서 상대방의 의견을 존중한다는 모습을 보여야 합니다. 그렇게 몇 차례의 만남을 통해 서로 벽을 허물고 신뢰가 쌓이면 오랫동안 지속될 수 있는 튼튼한 관계가 되는 것입니다. 통신을 통한 소통은 한계가 있습니다. 일단 만나세요!

참지 마

화가 났을 때 표현하는 방법은 아주 다양합니다. 직접 표출하는 분, 둘러 표출하는 분, 혼자 삭이는 분, 술 드시는 분... 가장 안타까운 분들은 화를 가슴에 차곡차곡 쌓아 묻는 분이란 생각을 해봅니다.

저의 경우엔 왜 화가 나는지 혼자서 계속 생각을 합니다. 남에게 얘기하다 보면 자기중심적으로 사건이 재조합되기에 화가 증폭되는 경우가 많습니다. 화가 나는 이유를 생각할 때 반성보단 앞으로 어떻게 할 것인가를 중심으로 생각해 봐야 합니다. 과거를 반성하는 것은 짧게 하되 지금보다 나은 내일을 만들기 위한 생각에 집중해야 합니다. 결정을 했으면 내가 어떤 말이나 행동을 했을 때 스스로 감당할 수 있을지까지 고민해야 더 큰 혼란이 막아집니다. "다 내 탓이요"라는 말은 화가 나는 이유와 해결책을 찾다 보면 도달하게 되는 결과이지 무조건 다 내 탓이요 라고 자신을 몰아세우면 오히려 혼란에 빠지게 됩니다. 당연히 지금의 화가 나는 상황은 나 자신이 어느 정도 관여된 결과입니다. 그 모든 것을 회피하려는 생각이 문제를 복잡하게 만듭니다. 그렇다고 자신이 예수님처럼 모든 책임을 통감하고 희생하겠다는 생각이 오히려 오만한 생각일 수 있다는 겁니다. 제 경험상 화가 나는 상황을 직시하고 나 자신이 부족했던 부분이 있었는지 자조한 후 누구보다 스스로를 위해 어떻게 해야 하는 지에 많은 시간을 가져야 화를 삭일 수 있을 뿐만 아니라 평정심으로 돌아갈 수 있습니다.

저 지금 화 삭이고 있는 중입니다.

"남편이 인색할수록 아내는 돈을 거칠게 쓴다. 그러면 남편은 모범을 보이기 위해서 자신의 자연스런 기분을 극단적으로 억제하게 된다. 부부는 상대의 경향과 균형을 맞추기 위해 자신의 경향을 강조하는 경우가 많다."

― 폴 투르니에 ―

씨앗은 우주를 품고 우리는 우주가 되고

날씨가 더워서 수박을 먹다 보니 수십 개의 씨앗을 품고 있었습니다. 수박만이 아닙니다. 세상의 모든 생물은 각자 하나의 씨앗만을 품지 않습니다. 사람도 한 번에 5억 개의 씨앗을 품습니다. 그중에 가장 경쟁력 있는 놈이 세상을 구경하고 나머지는 다음 기회를 기약합니다. 그렇게 태어난 우리는 또 셀 수 없이 많은 씨앗을 품고 작품을 탄생시킵니다. 수천 년간 이어온 우리 인류의 진화는 좀 더 멋진 세상을 만들려는 신의 한 수였던 게 아닐까요. 그러나 신의 의도를 무시한 우리들의 결과는 참혹한 결과를 가져오기도 했습니다.

어제 오늘 뉴스를 보니 일본은 전쟁을 위해 법을 바꾸고 자위대 창설 60주년 행사를 어이없게도 한국에서 했습니다. 이스라엘이 개발한 신무기는 파키스탄 국민들까지 무참하게 학살하고 있었습니다.

그 어느 것 하나 신의 것이 아닌 것이 없는데 인간들은 자신의 것이라며 전쟁까지 하면서 욕심을 부립니다. 신이 침묵하는 것이 못마땅합니다. 더욱 더 굳게 믿게 되는 것은 신이 선과 악을 모두 만들었다는 생각입니다.

전설 하나 만들어야죠

한낮을 샛노랗게 태우던 태양이 하루의 마지막을 아쉬워하며 저 멀리 지평선 넘어 검붉은 석양으로 얼굴을 삐죽거릴 때쯤이면 담배 한 대 깊게 빨아 내쉬며 피곤한 등을 기댈 집이 그리워집니다. 오늘이 내 인생의 전설로 기억 될 하루가 되길 바랐건만 이렇게 또 콩나물 시루에 물 빠지듯 허무하게 지나가고 있다는 것이 더욱 더 어깨를 내려 누릅니다.

하루하루 주름이 늘어 어느덧 중년을 넘어서니 언제나 나는 인생의 절정기를 맞이할 수 있을까 하며 다소 급한 마음으로 걸음을 재촉했던 청춘이었던 시절, 그때였던가 싶습니다. 그래도 미련이 많아 고개를 저으며 내일을 기대해봅니다. 아직 갈 길이 멀다며 마음을 다 잡아 봅니다.

갑자기 혜민스님 말씀이 생각나네요.
"왜 그리 바쁜가?"
글쎄요. 가볼 곳이 많아서 그런 게 아닌가 싶네요.
조금 더 파보면 보물이 나올 것 같은 아쉬움도 있고요.

기왕 온 거 전설 하나 만들고 가야겠다는 욕심도 또한 있겠지요.

불교에서는 저의 이런 욕심들에 대해 바람과 같이 공허한 것에 욕심을 부려서 마음이 불편한 것이라고 말할 수 있습니다. 그러나 제가 신의 말씀처럼 믿고있는 것은 "내 주변에 있는 모든 것은 과거 그 누군가의 간절한 꿈이었다"는 말입니다. 제가 조금이나마 희망찬 미래를 위해 할 수 있는 것이 있다면 하고 싶고 남겨놓고 싶습니다. 바닷가에 모래성을 쌓는 것이더라도 그 누군가의 사진 속에 남겨지듯 그냥 사라져 잊혀지는 존재이고 싶지 않습니다.

어떻게 죽을 것인가!

나라의 녹을 먹으면
환란을 피하지 않는 것이
신하 된 자의 도리이다.

이제 나라의 일이 이같이 위급하니,
비록 끓는 물이나 불 속에 뛰어드는 일이라도
피하지 말아야겠거늘
어찌 이 한 번 감을 어렵게 생각하랴

- 유성룡 -

화장실 벽에 걸려있는 글을 읽다가 많은 생각을 해 봅니다.
사람은 누구나 죽습니다. 천수를 다할 수 있고 스스로 생을 로 그아웃 할 수 있습니다. 요즘 군복무중인 군인들에게서 안타까운 뉴스가 계속되고 있습니다.

가해자의 죄는 더없이 무겁습니다. 무거운 책임을 지워야지요. 그러나 아직도 잘못된 생각을 하려고 마음먹은 군인들이 있다면 유성룡 선생의 글을 가슴으로 읽었으면 합니다.
　얼마나 힘들었으면 그랬을까 싶지만, 그 용기를 더 큰 꿈을 위해 행동했다면 어땠을까 싶습니다. 요사이 이순신 장군의 명량해전이 영화로 만들어져 엄청난 인기를 얻고 있습니다. 개죽음을 당할 것인가, 위대한 죽음을 선택할 것인가… 그건 선택입니다!

끝내면서

　　더운 여름 같은 날씨에 낮잠을 잠시 잤더니 밤에 잠이 잘 안 오더군요. 그러다 문득 '옷'이란 단어가 생각났습니다.
　　'육체란 것은 옷과 같다.'
　　누군가는 아주 잘생긴 외모를 갖고 태어났고 또 누군가는 아주 못생긴 외모로 인해 불편한 삶을 살고 있습니다. 요즘은 성형 기술의 힘을 빌려 새로운 인생을 사는 사람들도 꽤 많긴 합니다. 어쨌든, 어떤 이는 입은 옷이 마음에 들 것이고 또 많은 사람들은 옷이 마음에 안 들어 조상 탓을 하며 살 수 있습니다.

　　'신(神)은 나에게 왜 이 옷을 입혀주셨을까!
　　죽으면 흔적도 없이 사라질 이 옷!'

　　육체는 삶에 지대한 영향을 끼칩니다. 한번 입은 이 옷이 삶의 방향을 정하는 결정적 순간이기도 합니다. 그렇다면 신은 왜 나에게 이렇게 맘에 안 드는 옷을 입히셨을까?

그러나 곰곰이 생각해 보면 지금의 옷을 선택한 사람은 바로 우리 스스로입니다. 어머니와 아버지가 사랑의 씨앗을 나눌 때 가장 먼저 달려가서 옷을 차지한 사람은 바로 우리였습니다. 아기들을 보면 알 수 있듯이 우리의 영혼은 맑고 고왔지만 우리는 과거의 각오를 잊은 채 불평만 하고 삽니다.

신은 온전하게 우리의 선택을 존중한다고 믿습니다. 모든 것은 다 우리의 선택일 뿐입니다. 오늘이 과거의 결과이고 미래는 오늘의 결정과 행동들이 가져온 결과일 겁니다. 오늘 착하게 살지 않으면 행복한 미래는 결코 올 수 없습니다.

'세상은 왜 불공평할까?'
누구는 부모를 잘 만나서 부잣집에 태어나고 또 누군가는 찢어지게 가난한 집에 태어났습니다. 또 누군가는 부유하지만 이성을 잃은 부모를 만나 인간 이하의 취급을 받으며 살아가고 있기도 합니다. 어떤 이는 가난하지만 온정이 넘치는 부모를 만나 따뜻한 삶을 살아갑니다.

우리는 주변의 부자들을 보고 부러워합니다만 입에 있는 사탕만 보고 그들의 삶을 부러워하는 것은 바보짓이라고 봅니다. 부처님도 말씀하셨듯이 인생은 고통의 연속입니다. 돈이 많으면 도둑 걱정에 밤잠을 설치는 것이 삶입니다. 권력이 있으면 주변에 권력을 탐하는 자들의 경계와 질투를 받는 것이 삶입니다. 권력과 돈을 모두 가진 사람을 찾기란 하늘의 별을 따는 것과 같습니다.

우리 모두 잠시 지구라는 별에 머물러 살기 위해 옷을 빌려 입었습니다. 그 전에 살다간 우리 친구들이 만들어 놓은 유물들을 즐기고 있을 뿐입니다. 조금 미안한 생각이 든다면 조금 더 좋은 세상을 만들어 놓고 가면 그만일 뿐입니다.

단지, 변하지 않는 것이 있다면 그건 바로 우리의 영혼이 아닐까 싶습니다. 맑은 영혼에 욕심을 키우기 시작하면 괴물이 자라납니다. 그 괴물이 걷잡을 수 없이 커버리도록 놔두면 영혼까지 잡아먹어 버립니다. 대부분 자신의 삶을 망친 사람들의 고백을 들어보면 자신도 모르겠다고 말하는 것처럼 말입니다.

순수한 영혼들이 많은 세상이 천국일 겁니다. 그 옛날 만화 영화를 보면 정의로운 주인공이 결국 적들을 물리쳐내듯 우리가 사는 세상도 결국은 정의롭고 깨끗한 영혼을 소유한 사람들이 세상을 이끌 겁니다.

제가 이런 믿음을 갖고 있는 이유는 과거, 역사를 보면 현재와 미래를 알 수 있기 때문입니다. 수천 년 전부터 정의로움을 말하고 주장하던 선현들의 피의 얼룩짐으로 점철된 역사를 보면, 우리는 분명 점차 질서를 지키고 투명해지고 인류애를 회복하고 있기 때문입니다.

지금 잠시 곳곳에서 활약하는 검은 그림자들을 보고 절망하지 말았으면 합니다. 우리는 무시하고 앞으로 나아가야 합니다. 그래야 밝은 미래로 빠르게 나아갈 수 있습니다. 태양이 밝으면 그림자는 작아집니다. 그렇다고 그림자를 모두 없앨 수 있다고 생각하진 말았으면 합니다. 결코 없어지지 않을 겁니다.

원래 선과 악, 빛과 그림자는 하나이기 때문입니다.

"당장 내일이면 그 사람의 말은 잊겠지만
그 강렬한 느낌은 잊지 못할 것이다"

- 미상 -

*책 속의 사진들은 저작권이 무료로 공유된 http://pixabay.com/에서 사용하였습니다.